絶対に成功を呼ぶ
25の法則

あなたは必ず望む人生を手に入れる

Jack Canfield
ジャック・キャンフィールド 著
Syu Ueyama
植山周一郎 翻訳

小学館

絶対に成功を呼ぶ
25の法則

あなたは必ず
望む人生を手に入れる

目次

はじめに

「どんな理由であれ、特別な人生を送る機会を持った人間は、それを独り占めする権利はない」
ジャック・イブ・クストー（伝説的な海洋探検家・映画製作者）

「もしも本を書くのであれば、その人が本当に知っていることだけにしてほしい。私には想像しなければならないことがすでにいっぱいありすぎる」
ヨハン・ヴォルフガング・フォン・ゲーテ（ドイツの詩人・作家・劇作家・哲学者）

この本はアイデア本ではありません。この本には実際に成功した人々が実践した、時を超えた〝成功の法則〟が書かれています。私は過去30年間、これらの法則を研究し、自分自身の生活に応用してきました。私が現在謳歌《おうか》している人生は、１９６８年にこれらの法則を勉強するようになって以来、毎日、応用してきた結果なのです。

いかにこれらの法則が有効かを伝えるために、まず私のケースを紹介します。自慢げに思われるかも知れませんが、お許しください。

◎世界39ヶ国語に翻訳され、計８０００万部を売った60冊のベストセラー本の執筆及び編集。

◎1998年5月24日にニューヨークタイムズ紙のベストセラーリストに同時に7冊入り、ギネスブックの記録になった。
◎過去10年間、毎年100万ドル以上の収入を得て、美しい自然に囲まれたカリフォルニアの快適な家に住む。
◎(『オプラ』や『グッドモーニング・アメリカ』などの) テレビのトークショーに出演し、毎週何百万人もの人が読んでいる新聞のコラムを担当する。
◎世界中の大企業などで1回2万5000ドル (300万円。1ドル＝120円で換算。以下同) の講演料で講演を行う。
◎ビジネス界や社会的な賞を数多く受賞する。
◎妻と子供たちとの幸せな家庭を築き、健康面や生活のバランス、心の平静など、すべての面でステディな状態を維持している。
◎そして、休暇はハワイやオーストラリア、タイ、モロッコ、フランス、イタリアなど世界最高のリゾートで過ごしている。
◎すべての面で満足のいく人生を謳歌している。

こう書くと私のことを、読者の皆さんは自分の人生とはかけ離れている無関係な人だと思うかもしれません。しかし、私の人生はほとんどの読者の皆さんと同様、とても平凡な環境から始まりました。私はウェスト・ヴァージニア州のウィーリングという町で育ちましたが、花屋に勤務する父親の年収は当時で８０００ドル（96万円）ほど。母はアルコール依存症で、父のほうは仕事依存症でした。私は夏休みのアルバイト（プールのライフガードや父が働いていた花屋などでの仕事）で食いつなぐような状況でした。奨学金で大学に進学してからも、寮で朝食を配膳するアルバイトをして本や洋服、デート代をまかなっていました。それでも月末には、私が発案した〝21セント・ディナー〟を食べなければなりませんでした。10セントでトマトペーストとガーリック、塩を買い、１袋11セントのスパゲッティに掛けて食べるのです。ですから、私は経済的にぎりぎりで生活するとはどういうことか、その苦労をよく承知しています。

大学院修了後、私はシカゴ南部にある黒人だけが通うハイスクールで、歴史の教師として働き始めました。やがて私は、人生の師となるＷ・クレメント・ストーン氏と巡り会ったのです。ストーン氏はたたき上げの億万長者で、のちに、私は彼の財団に雇われることになりました。そこで彼は私に基本的な〝成功の法則〟を教え――私はそれを今も実践しています――私はそれを他の人たちに教える仕事に就いたのでした。

それ以来、私は長年にわたり、何百人もの成功者にインタビューをしてきました。オリンピック選手、プロスポーツ選手、有名なエンターテイナー、ベストセラー作家、経営者、政治家、成功している起業家、トップセールスマンなどです。また、私は何千冊もの本を読破しました。２日で１冊のペースです。さらに何百ものセミナーに出席し、何千時間ものオーディオプログラムを聴きました。その結果、成功と幸福を創造する普遍的な法則を見つけたのです。私はそれをまず自分自身の生活に当てはめてみました。そして、その中で効果があったものを、講演、セミナー、研修会などで伝えるようになったのです。

これからご紹介する法則やその実践方法は、私のためになっただけでなく、何十万人という、いわば私の〝教え子たち〟が仕事で成功したり、経済的に潤ったり、より生き生きとした楽しい人間関係を築いたり、人生においてより大きな幸福と充実感を得る助けとなりました。私の教え子たちは、ビジネスを成功させ、億万長者になり、スポーツ界でスター選手になり、レコード会社と好条件の契約をし、映画やテレビの主役に抜擢《ばってき》され、選挙で当選し、地域社会に大きなインパクトを与え、ベストセラー本を出版し、学区内で最優秀教師に選ばれ、社内のすべての販売記録を塗り替え、脚本家として賞を取り、会社の社長になり、際立った慈善活動で認められ、素晴らしい童話のような人間関係を築き、非常に幸福で優秀な子供たちを育てたりしているのです。

あなたがその気になれば必ず効果をもたらす

最初にはっきり言っておきたいのは、こうしたことはあなたにも可能だということです。あなたも成功を収めることを、私は確信しています。なぜなら、これらの法則と実践方法は必ず効果があるからです。あなたがすべきことは、これから紹介する〝成功の法則〟を信じ、自分自身に応用し、実行してみる。それだけです。

2～3年前、私はテキサス州ダラスであるテレビ番組に出演しました。私はそこでこう言いました。

「もしも私が唱えている法則を皆さんが実行したら、皆さんは2年以内に所得が倍増し、余暇も倍増できるでしょう」

しかし、私をインタビューした女性はこれにとても懐疑的でした。そこで私は、「もしもあなたが、これらの法則とテクニックを2年間実践して、所得と余暇を倍増できなかったら、私はこの番組に再登場して、あなたに1000ドル（12万円）の小切手を渡しましょう」と言いました。でも、反対に約束した結果が得られれば、彼女は私を番組に再度招いた上で、視聴者に向かって「彼の法則は効果があった」と証言することを約束してもらいました。

それからわずか9ヶ月後、私はフロリダ州オーランドで開催されたあるコンベンションで彼女に会いました。すると、彼女は所得倍増どころか、より大きなテレビ局に移籍して何倍もの収入を得るようになっただけではなく、講演活動を始め、本も出版したと言うのです。たった9ヶ月の間に……。

でも、誰でもこのような結果を生み出すことができるのです。あなたがすべきことを決め、自分にはその価値があると信じ、そして、この本でこれから紹介する法則を実践すればいいのです。

職業は何であれ、関係ありません。基本は同じです。たとえ、あなたがいま現在、失業者であっても、あなたの目標が何であっても構いません。社内でトップのセールスマンになる。一流の建築家になる。学校でオール優を取る。理想体重まで減量する。夢にまで見た家を買う。世界クラスのプロスポーツ選手になる。ジャーナリストとして賞を取る。億万長者になる。起業家として成功する。どの場合でも法則と戦略は同じです。あなたが私の法則を学び、理解し、毎日しっかりと実行すれば、あなたが夢見た以上の人生が得られることでしょう。

誰もあなたの代わりに腕立て伏せはできない

自己啓発の哲学者であるジム・ローン氏はいみじくもこう語っています。

「誰も、あなたの代わりに腕立て伏せをすることはできない」

その恩恵に浴そうと思ったら、あなた自身が実践しなければなりません。運動であろうが、ストレッチ、瞑想《めいそう》、読書、勉強、新しい外国語の習得であろうが、本書で紹介する「測定可能な目標の設定」「成功のヴィジュアリゼーション（成功の具体的な映像化・視覚化＝心理学用語）」「アファメーション（自己の願望を肯定する自己説得）の反復」など、どれもあなた自身が実行しなければなりません。誰もあなたにとって代わることはできないのです。私はあなたに地図を見せることはできますが、実際に運転するのはあなたなのです。〝成功の法則〟をお教えしますが、実行はあなたがしなければなりません。でも、あなたが努力を惜しまなければ、その見返りは非常に価値あるものになることをお約束します。

本書の構成

これらの強力な法則をあなたが速《すみ》やかに習得できるように、本書では「成功の法則」を25章で構成し、「今いる所から、あなたが望むステージに到達する」ために実行すべき基本法則を記しています。それは、「あなた自身の人生と結果に対して、１００％の責任をとらなければならない」という大前提から始まります。そこから、あなたの人生の目的、ヴィジョン、そして自分が何を本当に望んでいるかを明らかにする方法を学びます。次に、あなた自身とあなたの夢に対する信念を形成する方法。そして、あなたのヴィジョンをいくつかの具体的な目標に換え、それらを達成するためのアクションプランの作成方法を明かしていきます。また、オリンピック選手や世界的な起業家、ビジネスリーダーたちが成功の秘密としている「アファメーション」と「ヴィジュアリゼーション」について、どのようにすれば身につけられるかを手ほどきしましょう。

さらには、あなたの夢の実現に絶対に必要なことですが、時として不安にもなるであろう行動ステップに関すること。「自分が望むものを要求すること」「断られても気にしないこと」「フィードバックの利用法」、そして時として乗り越えることができそうにない「障害に直面したときに耐える方法」なども紹介していきます。

本書の読み方

「何も信じてはいけない。それをあなたがどこで読んだとしても、誰かが言ったとしても、それを私が言ったとしても、あなた自身の理性と常識に合致しなければ信じてはいけない」

ブッダ（釈迦）

誰にも、それぞれの勉強の仕方があります。あなたにとっての最良の勉強の仕方は、多分あなたがご存じのことでしょう。本書の読み方もいろいろありますが、助けになるようにいくつかのアドバイスを差し上げましょう。

実際にあなたが本当に望む人生を創造するに当たって、その前に本書をざっと読み（立ち読みでもけっこうです）、全体のプロセスを感じ取ってみてください。法則は下からひとつひとつ積み上げるような順番で書かれています。すべての法則が必要で、しかも正しい順序で実行する必要があります。人種、性別、年齢などは関係ありません。あなたが正しい順番で法則を積み上げていけば、成功への扉は開かれます。

読みながら、あなたが重要だと思う個所にはすべて線を引き、蛍光ペンでハイライトをつけることを強くお勧めします。あなたが実行したい事柄は余白にメモを書いておきましょう。そして、それらのメモやハイライト個所を何度も読み返しましょう。反復こそ、習得の鍵《かぎ》です。それらの個所をあなたが読み返すたびに、現在いるところから望むステージに到達するには何をしたらいいかを文字通り「反復」するでしょう。新しいアイデアをあなた自身の思考や存在の一部にするには、何度もそれに触れることです。

法則のいくつかは、すでにあなたも知っていることでしょう。しかし、問題はそれを実行しているかどうかです。自問自答してみてください。もしもしていなければ、それを今すぐに実行してみましょう。

私の講座の受講生やクライアントと同様、あなたも提示された行動ステップに抵抗があるかもしれません。しかし、あなたがもっとも抵抗を感じることは、実はあなたがもっとも必要としていることなのです。そのことは、私の経験上間違いありません。本書を読むことと、実行することとは違います。それはダイエットの本を読むことと、実際に低カロリーの食べ物を食べ、運動をすることとは違うのと似ています。

友人に頼んで、本書で学んだことをあなたが実行するのを確認してもらうことは有効でしょう。本当の習得とは、新しい情報を理解し実行して、初めて得られます。あなたの行動に変化を起こすときです。

あなたが成功するために

もちろんどのような変化も、長年培われた内的外的抵抗を克服するために、継続した努力を必要とします。当初、あなたはこの新しい情報すべてに非常に興奮するかもしれません。自分の新しいヴィジョンに向けて、希望とやる気がみなぎってくるでしょう。それはいいことです。しかし、すぐに別の感情が湧《わ》きあがってくるかもしれません。これまでこの法則を知らなかったことに対するフラストレーション、家や学校でこれらの大事な概念を教えてくれなかったことに対する怒り、またはこれらのことを知ってはいたけれど実行しなかった自分に対する憤《いきどお》りなどを感じるかもしれません。

そのときは深呼吸をして、これはあなたが歩むべき旅の行程の一部だと理解してください。あなたは間違っていたわけではありません。あなたの過去のすべてが、こうしてあなたを変革に導いてくれたのです。あなたを含めた誰もが、その時々で常に最善を尽くしてきました。そして今、あなたはもっと重要なことを知ろうとしているのです。

また、ときには、次のようなことを感じることがあるかもしれません。「もっと早く効果が出ないのだろうか？」「なぜ目標に到達しないのだろうか？」「なぜ金持ちにならないのだろうか？」などなど。しかし、成功には時間と努力、忍耐、根気が必要なのです。本書で網羅されているすべての法則とテクニックを応用すれば、いずれあなたの目標を達成できるでしょう。あなたの夢を実現できるでしょう。でも、それは一晩のうちには起こりません。

どのような目標の実現においても、障害に突き当たったり、停滞を感じるのは自然なことです。正常な反応です。楽器を習ったり、スポーツをやったり、武道を練習した人は誰でも、いずれ進歩の足踏み状態に陥ることを知っています。初心者の中には、そこでやめたり、あきらめたり、脱落したり、他の楽器やスポーツに移ったりする人がいます。しかし賢い人は、その楽器、スポーツ、武道、そしてあなたの場合は本書の〝成功の法則〟を励行し続け、ある日突然、より高いレベルに飛躍していることを発見するのです。忍耐力を持ちなさい。やり続けなさい。あきらめてはいけません。あなたは打破するでしょう。これらの法則は、いつだって効果があるのです。

さあ、スタートしましょう。

法則1 自分の人生に全責任を持ちなさい

「あなたは自分の責任を自分で取らなければならない。周囲の自然環境、季節、風などを変えることはできないが、自分自身を変えることはできる」

ジム・ローン（アメリカのビジネス哲学の重鎮）

今日の社会でもっとも広く信じられている神話のひとつは、「我々には始めから素晴らしい生活を送る権利がある」というものです。つまり、人々は自分以外の誰かが責任を持って、我々の生活をより幸せにし、わくわくする仕事の機会を与えてくれて、そしてくつろぎのある家庭と幸せな人間関係などを作ってくれるのだと信じているのです。

しかし現実はどうでしょう。それはこの本の根幹をなす教訓でもありますが、自分の〝クォリティ・オブ・ライフ〟に対して責任を負うのは、ただひとり、あなた自身なのです。

もしもあなたが人生の成功を望むのなら、あなたが経験することすべてに自分で責任を持たなければなりません。成功と失敗、仕事の結果、人間関係の質、健康と肉体的フィットネス、収入、負債など、すべてにおいてです。

でも、これはたやすいことではありません。

実際、我々は自分の生活に気に入らないことがあると、自分以外のものを責めがちです。両親、上司、友人、マスコミ、同僚、取引先、妻もしくは夫、天気、経済、星占い、金欠病……、誰でも何でも手当たり次第に責任をなすりつけようとします。しかしそれは、問題の本質を見つめたくないからです。

つまり、我々にとって一番の問題は我々自身なのです。

理想とする生活や成果が得られない原因を、自分以外のところに求めるのはそろそろやめましょう。自分の生活のレベルや仕事の成果は、あなた自身が作り出したものなのです。

あなたが人生で成功し、もっとも価値があると考えることを成し遂げるには、あなたがあなたの人生に全責任を持つこと。それ以外に方法はないのです。

「全責任を負う」――これは成功の前提条件だ

「はじめに」にも書いたように、学校を出て1年後の1969年に、私は幸運にもクレメント・ストーン氏のもとで仕事をすることができました。彼はたたき上げの超億万長者で、当時6億ドルもの資産を持っていました。ストーン氏はアメリカにおける「成功」に関する最高の権威者でもありました。彼は『サクセス・マガジン』誌の発行人で、『The Success System That Never Fails』（邦訳未発刊）や『心構えが奇跡を生む』（ナポレオン・ヒルとの共著）の著作者でもあります。

その最初の一週間の研修の終わりに、ストーン氏は私にこう尋ねました。

「君は自分の人生に100%責任を取っているかね？」

「そう思います」と私は答えた。

「あいまいな答えだね。イエスかノーか、どっちなんだ？」

「えーと、自分でもわからないのですが……」

「では、例えば、自分の生活環境について他人を責めたことは？　何かに関して、愚痴を言ったことは？」

「えー、はい、あると思います」

「思います、じゃない。考えてみなさい！」

「はい。言ったことがあります」

「よろしい。ということは、君は自分の人生に100%の責任を取ってこなかったということだ。100%の責任を取るということは、自分に起こるすべてのことは自分が作り出したと認めることだ。君は成功を望んでいるんだろう？　そうだったら、他人を責めたり、愚痴を言うことをやめて、自分の人生のすべてに全責任を取ることだ。成功も失敗もすべての結果に対してだ。これは人生で成功する前提条件なのだ。現在まで経験してきたすべては、自分が作ってきたということを認めることによって、自分が望む将来を作る主導権を握ることができる。わかるね、ジャック。自分の現在の状況を作り出したのは自分だと悟れば、それを変えたり、再構築するのも、意のままだ。自分を変えさえすればいいのだからね。理解できるかい？」

「はい、わかります」

「自分の人生に全責任を取るかい？」

「はい、そうします！」

以来、私はそれを実行してきました。

あなたは夢を実現する力を持っている

「失敗の99％は、言い訳癖のある人たちが犯すものだ」

ジョージ・ワシントン・カーヴァー（ピーナッツの325種類の効能を発見した化学者）

人生の夢を実現するには、自分の人生に全責任を持たなければなりません。ということは、言い訳や、自分は犠牲者だという作り話、できなかった理由を外に求めること、そして周囲を責めたりすることをやめなければならない。これらすべてを永久に葬り去ることです。

その代わりに、まず「もともと自分は、変化を起こしたり、素晴らしい成果をあげたり、希望する結果を生み出す力を持っている」と信じること。無知や無意識、不安感、失敗したくないという思い、安泰でいたいという欲求など理由はいろいろあったのでしょうが、あなたは力がありながらそれを行使しない道を選択してきたのです。理由はわかりませんし、どうでもいいのです。過去は過去。重要なのは、今後あなたは自分に起こったり、反対に起こらないことも、すべて自分に責任があるように振る舞うこと。そう、振る舞うだけで十分。つまり、そういう振る舞いを選択することです。

それで、予定通りにいかないことがあったら、自問自答してみるといい。

「自分は今の状況をどうやって作り出したんだ？ よく考えたのか？ 自分の信念は何だったのだ？ 自分は何を言って、何を言わなかったのだ？ その結果を導いたのは、自分が何をしたからだ？ それとも何をしなかったからだ？ 自分が求める結果を得るために、次はどこをどう変えたらいいのだ？」

ストーン氏に会った2～3年後、ロサンゼルスの精神科医のロバート・レズニック博士が私に、単純だがとても重要な公式を教えてくれました。それは「全責任を持つ」という考え方をより明確にするものでした。

E＋R＝O（出来事＋反応＝結果）

人生で経験するすべての「結果」は、その直前の「出来事」やそれまでの人生での「出来事」（成功と失敗、富と貧困、健康と病気、出会いと別離、歓喜と欲求不満など）に対するあなたの「反応」の結末であるという基本的な公式です。この公式に従えば、その結果に不満なとき、それに対してできる反応はふたつしかありません。

1．結果（O）の不満を出来事（E）のせいにするつまり、経済環境、天候、資金不足、学歴不足、人種差別、性的差別、現政府、妻もしくは夫、上司、援助不足、政治的状況、システムやその欠如……などのせいにすることができます。それが、例えばゴルフのスコアに対する不満なら、クラブやコースのせいにするのです。そうした要素が存在することは事実ですが、最終的な決定要因ではありません。もしも決定要因ならば、同じ状況からは誰も成功できないことになってしまいます。

例えば、黒人のジャッキー・ロビンソンはメジャーリーグでプレーできなかっただろうし、シドニー・ポワチエやデンゼル・ワシントンは映画スターになれなかったでしょう。ビル・ゲイツはマイクロソフト社を設立できなかっただろうし、スティーブ・ジョブズはアップルコンピュータを始められなかったでしょう。不可能と考える理由はたくさんありますが、その数と同じくらい、同じ状況から成功した人たちがいるのです。

多くの人々がこうした、いわゆる〝規制要因〟を克服しています。あなたを抑え込んでいるのも、この〝規制要因〟ではありません。あなたを踏みとどまらせているのは、あなた自身なのです。我々は我々自身をストップさせてしまう。自分を規制する理由を勝手に考え、自己敗北的な振る舞いをしてしまうのです。

また、我々は自分たちの自己破壊的な悪習慣（例えば、飲酒や喫煙、ギャンブル、浪費）を無茶苦茶な論理で許してしまいます。そして、我々は、自分に有益な反応を無視し、継続的な自己教育や新しい技能の習得を怠り、日常生活の些細《ささい》なことに時間を費やし、ゴシップ話に興じたり、不健康な食事をし、収入よりも多くの金を浪費し、将来のための投資をせず、必要な対決を避け、真実を語ることをせず、自分の求めるものを得ようとせず、それでいて「なぜ、自分の人生はうまくいかないのか」と悩むのです。ほとんどの人間がそうなのです。自分の思い通りにいかないことはすべて外的な出来事や状況のせいにし、すべてに言い訳を考えつくのです。

2. 出来事（E）に対するあなたの反応（R）を変えることによって、自分の思い通りの結果（O）を得る

考え方、コミュニケーション、頭に描くイメージ、振る舞い方、すべての行動などをあなたは変えることができます。そうすることで、違った結果が得られるのです。

しかし、不幸なことに、我々のほとんどは古い習慣が身に付いてしまい、簡単に反応を変えられません。それは条件反射の虜《とりこ》になっているからです。

だが、我々は、自分の考え、イメージ、夢、行動などの主導権を回復しなければいけません。自分が考えたり、言ったり、行ったりすることのすべては意図的で、なおかつ自分の目的、価値観、最終ゴールに沿ったものでなければならないのです。

自分の反応を変えてみなさい

「その結果が嫌なら反応を変えてみなさい」――つまり気に入らない結果に出合ったときには、自分の反応をそれまでとは変えてみなさいということです。このことがどのように作用するのか、

実例を挙げてみましょう。

1994年のカリフォルニア州ノースリッジでの大地震を覚えているでしょう。その2日後、CNNテレビのニュースで隣接するロサンゼルスに通う通勤者にインタビューをしていました。地震で市の中心地に通じる高速道路の1つが壊れ、ひどい渋滞となり、いつもは1時間のドライブが2～3時間もかかってしまいました。

CNNのレポーターが渋滞中の1台の車の窓をノックして、ドライバーに状況を尋ねました。すると、彼は苛立《いらだ》ちながらこう答えたのです。

「カリフォルニアはもう嫌だ。最初に火事、そして洪水、今度は地震だ！　朝何時に家を出ても、会社に間に合わない。信じられないよ！」

レポーターは後続の車の窓をノックして、同じ質問をしました。すると、そのドライバーは満面の笑みで、こう答えました。

「問題ないよ。朝5時に家を出たんだ。この状況では、ボスはこれ以上を要求はできないから大丈夫さ。それに、音楽とスペイン語講座のカセットテープをたくさん持ってきた。携帯電話もある。ポットにはコーヒーが入っているし、ランチも持参した。本だって読めるさ。だから、ご機嫌さ」

もしも地震や交通渋滞が本当に決定的な要因だとしたら、すべての人間が苛立っていなければなりません。しかし、そうではなかった。同じ渋滞でも、いろんな反応があり、それぞれに違った結果をもたらしていたのです。その違いを生んだのは、「ネガティブに考えるか、ポジティブに考えるか」、あるいは「準備万端で家を出たのか、まったく準備しなかったか」ということ。つまり、それぞれの生きる姿勢と行動の違いが、人によってまったく異なる経験を作り出すのです。

すべてはあなたの選択次第で変えられる

人生で経験するすべてのことは、内面的にも外面的にも、それまでの出来事に対するあなたの反応の結果です。例えば、

出来事：4000ドルのボーナスをもらった
反応：街で夜遊びに使う
結果：無一文になる

出来事：4000ドルのボーナスをもらった
反応：投資信託に投資する
結果：資産増加

あなたは人生で3つのことしかコントロールできません。思考、将来のヴィジョン設定、行動。

この3つをコントロールすることにより、あなたの将来がすべて決まります。自分が作り出したにもかかわらず、経験していることが気に入らなければ、反応の仕方を変える必要があるのです。何より、ネガティブな考え方をポジティブに変えなさい。ヴィジョンの中身を変えなさい。習慣を変えなさい。読むものを変えなさい。友達を変えなさい。話し方を変えなさい。

そうやって反応を変えた瞬間、状況が好転します。今まで通りの反応で求めるものが得られるのだとしたら、とっくにそうなっていたはずです。何か違うものが欲しかったら、違ったことをしなければなりません。

文句を口にしても求めるものは得られない

「ボールの跳ね方に文句を言うのは、多分ボールをキャッチしそこねた選手だけだろう」

ルー・ホルツ（6つの大学のフットボールチームをボウルゲームに進出させ、全米チャンピオンにも輝き、「コーチ・オブ・ザ・イヤー」に選ばれた全米大学体育協会史上唯一のコーチ）

文句・不平不満を言うことの意義を考察してみましょう。

現状に文句を言うのは、現状よりもっといいこと、もっと欲しいことがあるからです。それはつまり、自分が望むことがあるにもかかわらず、その実現のための行動をとっていないということであり、それはきっと、その行動の責任を負うのが嫌だからでしょう。

もう少し詳しく検討してみましょう。

もっと良いことが手に入るはずと思わなければ（例えば、もっとたくさんのお金、大きな家、もっとやりがいのある仕事、もっと楽しいこと、もっと愛する伴侶《はんりょ》など）、あなたは文句を言わないでしょう。文句を言うのは、何かもっといいことのイメージがあって、それを欲しているにもかかわらず、実際に手に入れるための危険は冒したくないからです。

考えてごらんなさい。人が文句・不平不満を言うときは、本来は自分ができることに対してのみ発します。我々は、自分では何ともしがたいことに関しては文句を言いません。例えば、地球の重力に関して文句を言う人はいないでしょう。重力は初めから存在しており、自分ではどうしようもないことを知っているからです。だから、そのまま受け入れるしかない。文句を言っても状況は変えられないので、文句は言わないのです。

あなたが文句を言う対象とは、本来、あなたが変えられるものでありながら、あなたが変えようとしていないことなのです。本来あなたは、もっと自分がしたい仕事に就いたり、もっと愛してくれる伴侶を見つけたり、もっと収入を増やしたり、もっときれいな家に住んだり、もっと環境の良い地域に住んだり、もっと健康的な食品を食べたりできるのです。

しかし、それを得るには、あなたが変わらなければならない。

ではなぜ、これまでそれができなかったのでしょう？　それはリスクを伴うからです。失業したり、孤立したり、他人から馬鹿にされたり、変に評価されたりするリスクをあなたは冒すことになる。何かを変えるには、さらなる努力や資金、時間などが必要になるかもしれない。それは辛《つら》いことであり、困難を伴い、混乱を招くかもしれない。でも、そうした不愉快な気分や経験をしたくないために、あなたは何もせず、ただ文句を言っているのです。違いますか？

しかし、現状を脱し、望むステージに到達するには、あなたはそれらのリスクを引き受けなければなりません。もう文句を言わないことにして、文句ばかりを言う人たちとは付き合わず、自分の夢の創造を始めてはどうでしょう。

文句よりも頼んでみよう

しかも、ほとんどの文句・不平不満は言っても無駄な相手にぶつけられています。冷静に考えてみれば、その相手はあなたの文句に対して何もできない人たちでしょう。だいたい文句を口にする人は、職場で妻の文句を言い、反対に家では職場の文句を言います。それは言いやすいからです。リスクがない。でも、家庭内の不平不満を妻に向かって言うには勇気がいる。また、週末の残業について、上司に向かって「もっと計画的に仕事を割り振ってほしい」と言うのも、やはり勇気がいる。でも、仕事の状況を改善できるのは上司であって、あなたの奥さんではないはずです。

文句ではなく、自分が望む状況になるように依頼したり、行動しなさい。成功している人たちは皆そうしています。気に入らない状況下に置かれたら、それを改善するか、やめるかです。変えるために何かをするか、あるいはそこから飛び出すかです。伴侶との関係を修復するか、離婚するか。労働条件を改善させるか、新しい仕事を探すか。どっちみち、あなたに変化が起こります。そうやって変化を起こし、それまでとは違った状況を作るのは、あなたなのです。あなたが自分でやらなければなりません。

「成功の法則」はとてもシンプル

ここに書く「成功の法則」はとてもシンプルですが、実行するのは必ずしも簡単ではないでしょう。意識を集中し、一生懸命に練習し、トライして、リスクを冒すことをいとわないことが必要です。そして常に、自分がやっていることと、導き出された結果に注意を払わなければならない。また、自分自身、家族、友人、上司、先生、コーチ、得意先などの考えにも耳を傾けなければなりません。

「自分がしていることは正しいのか？　もっと効果的な方法はないか？　自分がまだしていないことで、先にすべきことはないのか？　今していることでやめたほうがいいことはないのか？　自分自身で抑制していることはないか？」などと尋ねてみることです。

尋ねることを嫌がってはいけません。しかし、現実には自分のできばえについて他人の意見を求めるのを嫌がる人が多い。それはネガティブな答えを聞くのが怖いからです。でも、怖がることはありません。真実は真実。真実を知らないよりは、知っていたほうがいい。知っていれば、対策を講じられます。否定的な意見を聞かなければ、あなたはあなたの生活や人間関係、仕事のやり方を好転させることはできないのです。

また、一度スローダウンをして、周りに注意を払ってみましょう。注意してみれば、周囲の反応から、あなたの行動が周りへ及ぼしている影響がわかるはずです。反応の中には、あなたのどこが間違っているかを教えてくれることもあるでしょう。周りで何が起こっているのか、注意を払ってみましょう。そして、自問自答してみてください。

「こういう事態を、自分はどうやって作り出したのだろう？　自分がやっていることで、効果的なことは何だろう？　もっとやらなければいけないことはいったい……？」

「どこを間違ったのだろう？　控えた方がいいことは何だろう？」

「効果を試すべきなのに、いまだに実行していないことは何だろう？」

そこで、これから本書では、実際に効果があった「成功の法則」や「実践方法」を数多く載せ、あなたの生活の中ですぐに実行できるように紹介します。

だから、まだあきらめないで、既成概念を捨てて一度トライしてみましょう。一度正しいと信じて、行動してみることです。あなたの人生にとってどの方法が有効なのか、実際にトライして初めてわかることです。あなたが実際に行動しなければ、それが効果的かどうかわかりません。重要なことは、誰もあなたの代わりはできないということです。それができるのは、あなただけなのです。

「成功の法則」の公式はとてもシンプルです。効果のあったことはさらに続け、効果がないことはやめて、その分、新しい行動にトライすればいい。それだけです。

結果は嘘をつかない

効果的な方法を見極めるもっとも簡単で、もっとも手っ取り早い方法は、あなたが今やっていることの結果に注意を払うことです。「あなたは金持ちか、そうではないか」「尊敬を集めているか、そうではないか」「ゴルフでパープレーで回れるのか、そうではないか」「理想的な体重を維持しているか、そうではないか」「幸せか、そうではないか」「欲しいものを所有しているか、そうではないか」……。これらを見極めるのは簡単でしょう。結果は嘘をつきません。

そして、たどり着いた結果に対して、言い訳や自己正当化をせず、潔く受け入れることです。例えば、売上目標に届かなかったり、目標体重より太っていたら、どんなに素晴らしい理由（言い訳）を並べたところで、結果は変わりません。結果を変えるには、行動を変えるしかないのです。もっと調査を行って販売のトレーニングを受け、販売のプレゼン方法を変える。あるいは、食事の内容を変えてカロリーを控え、もっとスポーツをするようにする。そうすることで変化が生まれます。

でも、その前にまず、自分が作り出した結果を直視することです。真実こそ、もっとも有効な出発点なのです。

まず、何が真実かに注意を払うことから始めましょう。

そして、それがもともとあなたが求めたことでないなら、どうにかして変えなければなりません。それはあなただけができることです。自分を甘やかさないで、自分自身に冷酷なまでに正直になってください。自分の姿をじっくり見つめ直してみましょう。

法則

2 人生の目的を自覚しよう

人はそれぞれ生きる目的を持って生まれてきたと、私は信じています。その目的を明らかにし、自覚し、尊重することが、成功者が行っているもっとも重要な行動のひとつです。彼らは自分が生まれてきた目的をしっかり理解し、情熱とやる気をもってそれを追求しているのです。

人生の目的を見極めなさい

「自分はこの世に何をするために生まれてきたか」

私はずっと以前にこの問題を悟りました。私は自分の人生の真の目的、つまり「天職」を自覚したのです。そして、自分が手がけるすべての行動に対し、いかに情熱とやる気を注入すべきかを理解しました。目的を持つことで、自分が行うほとんどすべてのことに楽しみと充実感が感じられるようになりました。

そこであなたにもその秘《ひ》訣《けつ》を身に着けてもらえるよう、お手伝いしたいと思います。

人生に目的がなければ、人間はついふらふらと人生の横道に逸《そ》れてしまうものです。それでは何も成し遂げることはできません。

しかし、はっきりとした目的があれば、人生のすべてのことにつじつまが合うように思えてきます。「目的を持って生きる」ということは、あなたが本当にエンジョイできること、得意なこと、大切だと思うことにかかわれるということ。そして、本当に自分の生きる目的に沿った活動を続けていると、必要な人材、資金、機会などは自然とあなたのほうに引き寄せられてくるのです。また、周りの人たちにも恩恵を与えることができます。人生の真の目的に沿って行動すると、あなたのすべての行動は、自然と彼らのためにもなるからです。

人生の目的に沿った行動をとろう

私の人生の目的は、世の中の人たちを元気づけ、力を与え、愛と喜びに満ちた最高の人生を送ってもらうようにすることです。そのために、私は自著『こころのチキンスープ』や講演を通して、人々を元気づける話を伝えています。そして、それぞれが最高の人生を送ってもらえるように応援しています（法則3「本当に欲しいものを明確にしよう」参照）。

「あなたの究極の人生の目的を明らかにしなさい。そのうえで、あなたのすべての行動をその目的に沿うように行いなさい」

ブライアン・トレーシー（「人間の可能性と影響力」の開発におけるアメリカの専門家）

自分の人生の目的がわかれば、自分のすべての行動をそれに沿って配備できます。あなたのすべての行動は、あなたの目的実現のための表現であるべきです。もしもある行動がそのルールに合わなかったら、それはやめるべきです。

あなたを導く羅針盤としての目的がはっきりしていなければ、あなたはあなた自身が満足できるステージにはたどり着けないでしょう。はしごを登ったのはいいが、着いてみたら目的とは違った家の屋根だった、なんてことになり得ます。

ジュリー・レイプリーは子供のころから動物が大好きでした。だからみんなは彼女にこう言いました。「ジュリーちゃんは、大きくなったらきっと動物のお医者さんになるのよね。素晴らしい獣医さんになれるだろうね」

そこで彼女はオハイオ州立大学に入学して生物学、解剖学、化学の授業を取り、獣医になるための勉強をしました。

大学4年のとき、彼女はロータリークラブの留学奨学金でイギリスのマンチェスターに留学しました。そこで彼女は、母国の家族や教授たちのプレッシャーからのがれ、のんびりと自分の机の前に座ることができました。そして、生物学の本に囲まれた部屋から窓の外を眺めていたとき、突然彼女は悟ったのです。

「どうしてこんなやりきれない、惨めな気分なんだろう？　いったい、私はこれから何になろうとしているの？　そう、私は獣医なんかになりたくないんだ！」

それからジュリーは自問自答した。

「自分にとって、無給でもいいから本当にやりたい仕事って何だろう？　獣医じゃない。獣医は絶対に私の天職ではないわ」

彼女は、これまでやってきたことをすべて思い出し、自分がもっとも幸せになれることは何だろうと考えました。そして気がついたのです。ボランティアとして参加した青年リーダーシップ会議やオハイオ州立大学の選択科目で学んだコミュニケーションやリーダーシップの講義が楽しかったことを……。

「なんで今まで気がつかなかったのかしら？　大学4年生にもなって、ようやく自分が間違った道にいることを悟るなんて……。でもこれって、私の前にずっと広がっていた世界よね。ただ、それに気がつくほど、じっくり時間をかけて考える暇がなかっただけだわ」

新しい発見に気が晴れ晴れとした彼女は、イギリスでの残りの留学期間、コミュニケーションとメディアに関する授業を受けることにしました。その後、オハイオ州立大学に戻ると大学の幹部を説得して、彼女は自分のために「リーダーシップ学」の講座を開設してもらい、2年遅れで卒業すると、最終的には国防総省の上級マネジメントコンサルタントになり、リーダーシップ術の訓練と人材開発を担当しました。また、彼女はミス・ヴァージニアにも選ばれ、２００２年の大半をヴァージニア州の各地で子供たちと交流しました。最近では、ユースファウンデーション（青年財団）に「良きお手本、指導者になるための講座」を作り、そこで子供たちに互いがより良いお手本になることを教えています。それでもジュリーはまだ26歳の若さです。目的を明確にし、それに沿って行動することで、どれほどの力が生み出されるかを示す生き証人と言えます。

あなたも、次の2つの演習問題を行えば、あなたの生きる目的を明らかにすることができます。

自分の歓びを基準にしよう

「自分の欲望に忠実であることが、我々の魂の義務である。だから、あなたは主なる情熱に身をゆだねなければならない」

レベッカ・ウエスト夫人（ベストセラー作家）

それがあなたの目的に合致しているかどうかは、そこからあなたが得られる歓《よろこ》びの量によって測ることができます。あなたに最大の歓びを与えてくれるものこそ、あなたの心の奥に秘められた「人生の目的」に合致しているのです。

これからの人生をその目的に向かってまっすぐ進めるよう、自分がもっとも楽しく、生き生きと感じることのリストを作成してみましょう。そして、自分が生き生きとすることの共通項は何だろうか？　また、それらのことをしながら収入が得られる道も探りましょう。

パット・ウィリアムスはオーランド・マジック（プロバスケットボールリーグ＝NBAのチーム）の上席副社長です。これまで36冊の本を出版し、講演も行っている人です。彼に成功の最大の秘密を尋ねたところ、こう答えてくれました。

「できるだけ若いうちに、やりたいことを考えてみるんだね。そして、それをしながら稼げるように生活の計画を立てるんだ」

若いころのパットにとって、それはスポーツ――具体的には、野球でした。フィラデルフィアで父親に野球の試合に連れて行ってもらったとき、彼は野球の虜になってしまった。それからはニューヨークタイムズ紙のスポーツ欄を読むことで、彼は読み書きを覚えました。彼はほとんど一日中、野球とスポーツに没頭し、野球カードを集め、ゲームをやり、学校新聞のスポーツ欄の作成を担当しました。

大人になったパットは、フィラデルフィア・フィリーズのフロントオフィスや、フィラデルフィア76ers（NBA）の仕事に就きました。そしてNBAがオーランドに新チームを設立したとき、パットはその先頭に立ったのでした。彼は今60代ですが、過去40年間、自分の好きなことをし、そのすべての瞬間をエンジョイしてきました。自分にとって最大の歓びをもたらすものが明らかになれば、自分の目的に進むための洞察力が生まれるのです。

2番目の演習問題は、あなたの人生の目的について説得力ある声明文を作るという単純だが強力な方法です。これは、あなたの行動を目的に沿うように導き、指示を与えてくれます。では、時間をかけて、次の演習問題（42ページ）を完成させてみてください。

あなたの人生の目的を毎朝読み上げよう

あなたの人生の目的を求め、それを書き留めたら、毎日、できれば毎朝、声に出して読みあげましょう。もしも絵が得意だったら、あなたの人生の目的を表現する絵やシンボルを描き、いつ

人生の目的を表明させる演習問題

1. あなた自身の性格で、ユニークな特徴を2つ述べよ。（例：情熱と創造性）

---

2. 他人と一緒にいるときに見せる、その性格を表す具体的な行動を述べよ。（例：手伝う、元気づける）

---

3. 今、あなたはすべてが完璧な状態だとする。そこで、あなたは世界がどのように見えるか？　人々はお互いどのように接し、どんな雰囲気にあるのか？　究極の完璧な世界を、あなたが見て感じる通りに、現在形で書いてみなさい。完璧な世界とは楽しい場所であることを、忘れずに。
（例：誰もが自分のユニークな才能を自由に表現している。誰もが仲良く働いている。誰もが愛を表現している。）

---

4. 以上の3つの構成部分を、1つの文章にまとめよ。
（例：自分の目的は、自分の創造性と情熱を使って、周りの人たちを手伝い、元気づけることによって、彼らが平和に、愛情豊かに、そして自分たちの才能を自由に表現できるような世界を作ること）

ここに答えを書いたら、何枚もコピーし、いろいろな所に貼ろう。

も目につく場所に貼り付けなさい（冷蔵庫のドアの上や机の前、ベッドの近くなど）。そうすれば常に人生の目的を意識することができます。

次の章からは、あなたのヴィジョン（考え）とゴール（到達点）を明らかにしていきましょう。でもそれらは、あなたの人生の目的に沿っていて、その達成につながるものでなければなりません。

法則 3 本当に欲しいものを明確にしよう

「人生において自分が欲しいものを得るために絶対に欠かせない最初の一歩は、『自分が欲しいものを決めろ！』ということだ」

ベン・スタイン（俳優・作家）

自分の人生の目的がわかったら、次は具体的に何をして、何になり、何を手に入れたいのかを決めなければなりません。何を成し遂げたいのか？　どんなことを経験したいのか？　そして、どんなものを所有したいのか？　今いるところから、あなたが望むステージへの旅なのだから、まずその具体的な目的地を決めましょう。

欲しいものを手に入れられない理由のひとつは、もともと何が欲しいのか決めていないからです。明確で、説得力があって、詳細にわたる「自分の欲しいもの」を決めましょう。

他人が期待する夢ではなく自分の夢を追おう

我々の内部には、我々が将来なるべき「自分」の小さな種子があります。しかし、不幸なことに、成長の過程で両親や先生、コーチやその他の大人たちの影響で、その種子を地中深くに埋めてしまったのかもしれません。

我々は赤ん坊のとき、自分が欲しいものを明確に知っていました。空腹になれば、食べ物を求めて泣き、嫌いな食べ物は吐き出し、好きなものはもくもくと食べました。自分の欲求や欲望を隠さず、そのまま表現していたのです。そして、自分が欲しいものが得られるまで、ひたすら大声で泣きました。まったく抑制や遠慮なしでした。少し大きくなると、今度は自分が興味のあるものに向かってハイハイをしていきました。欲しいものがはっきりしていて、それに向かってまったく躊躇《ちゅうちょ》することなく突進したのです。


ところが、そこで何が起きたのでしょう。きっと誰かにこんなことを言われたはずです。

「それを触っちゃ駄目！」

「そっちに行っちゃいけないよ」

「好き嫌いを言わないで、全部食べなさい！」

「本当は、そんな風に思ってないんでしょ？」

「本当は、それは欲しくないわよね」

「恥を知りなさい！」

「泣くんじゃないの。もう、そんな子はいや！」

もう少し大きくなると、こんなことも聞かされるようになったはずです。

「欲しいからといって、すべてが手に入ると思ったら大間違い」

「お金のなる木なんてないの」

「自分のことしか、頭にないの？」

「そんなに自己中心的になっては駄目でしょ！」

「そういうことはおやめなさい。私の言ったとおりにしなさい」


このように欲望を抑制、制御させることを何年もの間言われ続けると、やがて自分の体や心が求めるものを見失うことになります。そして、その代わりに、まず他人が自分に求めることを考えるようになるのです。「どのように行動し、どういう状態になれば彼らに認めてもらえるか」を気にかけてしまうのです。その結果、自分ではそれほどしたくはないのだが、周囲が喜ぶようなことだけをするようになってしまうのです。

＊父が希望するので、医科大学に行く。
＊母を喜ばすために、結婚した。
＊芸術の世界で人生の夢を追求することをあきらめ、実業の世界に進む。
＊卒業後、１年間はヨーロッパを貧乏旅行したかったのだが、すぐに大学院に進む。

こうして、「分別がある」という美名のもとに、自分自身の欲求に対する執着がなくなってしまうのです。ティーンエイジャーに「何をしたいか」と尋ねると、「わからない」という答えが返ってくるのも、しょうがないのでしょう。自分が本当にやりたいことの上に、「すべきこと」「したほうがいいこと」がのしかかり、覆い隠してしまうからです。

では、どうすれば自分自身と自分の本当の欲望を取り戻せるのでしょうか？　どうやって本当に自分が望むものを、恐れや恥じることなく、躊躇なしに、取り戻せるのでしょう。

まずはどんなときでも、自分が「好きな方」を選択することから始めてみましょう。選ぶ対象の大小は問題ではない。どんな小さなことでも些細なことと思わないこと。他人には重要でないことも、あなたにとっては違います。「好きな方」を選ぶことは、非常に重要なことなのです。

希望がかなうまで満足しない

自分生来の力を取り戻し、人生で本当に望むものを手に入れるには、「わからない」「気にしない」「自分には関係ない」「だから何？」などと答えるのはやめましょう。そして、何かを選択する場面では、それがどんなに小さなことでも、自分の好みを主張しましょう。「自分が気に入るとしたら、どちらの方だろうか？」「自分がかかわるとしたら、どちらの方がいいだろうか？」と自分自身に尋ねてみることです。

自分の欲しいものがわからなかったり、自分よりも他人の要求や意向を尊重するのは、単に習慣の問題です。これまで好きな方を選ぶ経験が少なかったからです。選ぶ習慣をつければ、それはすぐに打破できます。

何年も前のこと。自己啓発と動機づけの専門家、シェリー・カーター・スコット氏の講座に参加したことがありました。彼女は『小さなことから自分が変わる』の著者です。

初日の朝、我々24人の受講生が教室に入ると、部屋の前方に並んだ椅子に着席させられました。各椅子の上には、ノートが1冊ずつ置いてありました。カバーは青、黄色、赤などで、私のはたまたま黄色でした。そのとき私は思いました。「黄色は嫌いだな。青だったらよかったのに」と。

ところが、その後にシェリーが言ったことが、私の人生を変えることになったのです。

「もしも自分のノートの色が気に入らなかったら、誰かと交換して好きな色のノートに取り替えなさい。人生のすべてにおいて、自分が欲しいものを手に入れる権利はあるのですから」

「ワオッ、なんて革新的な考え方だろう！」。私はそれまでの20年間、そういう前提で行動したことはありませんでした。自分が望むことでも、すべてを手に入れることはできないものと妥協していたのです。

そこで私は右隣の人に提案しました。

「あなたの青のノートと私の黄色のノートを交換してもらえませんか？」

「いいわよ。私、黄色のほうが好きなの。黄色の明るさが好き。私のムードにぴったりだわ」

こうして私は青いカバーのノートを手に入れました。「成功」と言えるほどのことではありませんが、自分の好みを認識し、自分が本当に欲しいものを手に入れるという持って生まれた権利を回復する始まりでした。それまでの私は、自分の好みなど取るに足らないことであり、そのために努力するほどの価値はないと過小評価していました。しかし、そのままでは、自分が欲しいものに対する意識は麻痺《まひ》したままになっていたでしょう。

その日が転機になりました。自分の欲求や欲望をより鮮明に意識し、行動することのスタートとなったのです。

「したいこと」のリストを作ってみなさい

自分が本当に望むものを明確にするもっとも簡単な方法は、「自分がしたいこと20項目」「所有したいもの20項目」「死ぬまでになりたいもの20項目」といったような、「したいこと」リストを作成することです。まずはやってみてください。

自分の欲望を発掘するもうひとつの強力なテクニックは、「したいこと」リストの作成を友人に手伝ってもらうことです。「君は何が欲しいの?」と友人に10〜15分ほどの間、何度も尋ねてもらい、あなたの答えを書き留めておくのです。すると、初めに書いたものはそれほど意味がないことがわかるでしょう。事実、ほとんどの人は、まずこんなことから言い出します。「ベンツが欲しい」「海に面した大きな家が欲しい」。しかし、15分くらいたったころには、本当の望みを語り始めます。「多くの人たちに愛されたい」「自分自身を表現したい」「皆とは違った何かを成し遂げたい」「自分の力を実感できることをしたい」……。自分にとって本当に価値のあることを口にするようになるのです。

自分がしたいことで生活する方法はいくらもある

自分の本当の望みをなかなか口にできないのは、往々にして「自分がしたいこと」では十分な収入が得られるはずないと考えるからです。

あなたは本当は「友達と集まっておしゃべりをするのが好きだ」と言いたいのかもしれない。しかし、例えばオプラ・ウィンフレイは人々と集まって話（テレビのトーク番組の司会）をすることで生計を立てています。私の友人のダイアン・ブローズは海外ツアーガイドで、世界中のわくわくするエキゾチックな場所で観光客とおしゃべりしながら収入を得ています。

タイガー・ウッズはゴルフが大好きです。私の妹は宝石のデザイナーで、ティーンエイジャーたちに気に入ってもらうことが好きです。ドナルド・トランプはいろいろな商取引をして、ビルを建てるのが好きです。私は読書が好きで、自分が学んだことを著作、講演、講座などを通して人々に分け与えることが好きです。自分が好きなことをしながら収入を得ることは可能なのです。

そこで、まずは「したいこと」を20項目リストアップしてみよう。そして、それぞれに収入を得る方法を考えるのです。もしもスポーツが好きというのなら、プレイヤーになるだけでなく、記者やカメラマン、あるいは代理人としてスポーツ選手のマネジメントをしたり、プロチームのフロントオフィスで働くこともできる。コーチや監督、スカウトになることも可能です。テレビ司会者、カメラ・オペレーター、チーム広報担当者などもスポーツと関係する仕事です。自分が好きな分野で生活していく方法はたくさんあるのです。

まずは何をしたいかを決めること。それでどうやって成功して、収入を得るかは、後で考えましょう。

「理想とする生活」のヴィジョンを明確にしよう

この本のテーマは、「今いる所から、あなたが望むステージにどうやって到達するか」ということです。これを達成するために、まずは2つのことを知らなければなりません。「今いる場所」と「行きたい場所（望むステージ）」です。そこで、あなたの「ヴィジョン」とは「行きたい場所」の詳細な記述です。つまり、あなたのゴールはどんな風に見え、どんな風に感じられるのかを詳細に描写することです。ただし、人生のあらゆる要素のバランスが保たれ、成功に満ちた生活を創造するには、あなたのヴィジョンに次の7つの分野が含まれていなければなりません。それは「経済面」「仕事と経歴」「レクリエーションと自由時間」「健康とフィットネス」「人間関係」「私的な目標」「社会への貢献」です。

この段階では、そこにどうやって到達するかを厳密に知る必要はありません。重要なのは、どこに行きたいのか、そのゴールの様相をきちんと知ること。それがどこかがわかっていればいいのです。そして、次に、それが何を意味するかが明らかになれば、方法論は自然と見えてきます。

あなたの内なるGPSを使おう

「今いる場所」から「行きたい場所」に到達する過程は、最近の車に装備されているGPS利用のカーナビを使うようなものです。しかし、そのシステムを作動させるには、あなたの現在地と目的地がわからなければなりません。GPSカーナビは内蔵されたコンピュータが同時に3つの人工衛星から信号を受信し、あなたの現在地を正確に算出します。そして、次に目的地をインプットすると、完璧なルートを指示してくれるので、あとはその指示どおりに進んでいけばいいのです。

人生の成功への道どりも同様です。それぞれヴィジョンを明らかにしてゴールを設定、アファメーション（心理学用語。自己の願望を肯定する行為）やヴィジュアリゼーション（心理学用語。成功の具体的な映像化・視覚化）などを使って目的地をロックし、その方向に向かって歩み始めればいいのです。そうすれば、あなたの体内にあるカーナビが、あなたが前進するにつれて、ルートを示し続けてくれます。つまり、あなたはあなたのヴィジョンを明確にして、それに集中していれば（その方法はこれから開示していきます）、取るべきステップが自然と現れるのです。しかも、それはあなたが必要とする、ちょうどそのときに現れます。

大成功者ほど大きなヴィジョンを持っている

「我々のほとんどが犯す大きな間違いは、目標が高すぎて達成できないことではなく、低すぎてすぐに達成してしまえることだ」

ミケランジェロ

私は、あなたがあなたのヴィジョンにいっさいの規制、抑制を加えないことを勧めます。ヴィジョンはできるだけ大きい方がいいのです。

アメリカ最大の不動産会社であるリマックス社の代表取締役会長デイブ・リニガー氏をインタビューしたとき、彼は私にこう言いました。

「いつも大きな夢を抱きなさい。大きな夢は大きな人たちを引き寄せます」

ウエスリー・クラーク将軍（コソボ紛争時のＮＡＴＯ軍最高指令官）は最近こんなことを私に言いました。

「大きな夢の実現にも、小さな夢の実現と同程度のエネルギーしか必要としない」

私の経験によれば、大成功者とそれ以外の人たちとの違いは「大成功者ほど大きな夢を見ていた」ということです。ケネディ大統領は、人類を月に送るという夢を持っていました。マーティン・ルーサー・キング牧師は、人種偏見と不平等のない世界を夢見ていました。ビル・ゲイツはすべての家庭がインターネットに接続するコンピュータ社会を夢見ていました。

これらの大成功者たちは、我々とまったく違った観点から世界を見ていたのです。つまり、「驚くべきことだが、起こりえる」「何十億人の生活を一気に向上できる」「この新技術が我々の生活様式を変えられる」と。彼らは、望むことは何でも実現可能と信じ、自分たちがそれを創造する重要な役割を担っていると信じていたのです。

マーク・ヴィクター・ハンセンと私が『こころのチキンスープ』を初めて出版したとき、我々が「2020年ヴィジョン」と呼んでいたものも大きなヴィジョンでした。それは2020年までに『こころのチキンスープ』シリーズを10億冊売って、利益の一部から5億ドル（600億円）を慈善団体に寄付するというものでした。我々のそのゴールは、当時も現在も非常に明確です。

「初めから選択肢を実現可能で妥当なものに絞ると、あなたが本当に欲しいものから自分自身を隔絶することになり、妥協だけが残ってしまう」

ロバート・フリッツ（『The Path of Least Resistance』の著者）

あなたのヴィジョンはあなたのものだ

一般に、大きなヴィジョンを持つと、「そんな夢はあきらめたほうがいい」と諭す人が現れるものです。「あなたは頭がおかしい。そんなことできるはずない」と言われるかもしれません。あるいは、あなたを笑いものにして、自分たちのレベルにまで引きずり下ろそうとする人もいるでしょう。

自伝『馬と話す男』の著者で、私の友人のモンティ・ロバーツはそういった人たちのことを「夢泥棒」と呼んでいます。あなたは、そんな人たちの話に耳を傾けてはいけません。

モンティがハイスクールの学生だったころ、大きくなったら何をしたいかを記述する宿題を出されました。そこでモンティは、200エーカーの牧場を所有し、サラブレッドの競走馬を育てたいと書きました。すると、彼の夢は余りに非現実的だという判断から、先生は彼にFの成績をつけたのです。先生は、ピックアップトラックにつながれたキャンピングカーに住んでいる少年が、牧場を購入して種馬を飼い、牧童たちに給料を払えるような身分になれるはずがないと考えたのです。そして、モンティに対して「他の夢に書き直せば良い点をつけてあげる」と言いました。しかし、モンティは先生にこう返事したのです。

「Fのままでいいですよ。僕は自分の夢を追い続けますから」

今、モンティはカリフォルニア州ソルヴァング市に154エーカーのフラッグ・イズ・アップ牧場を所有し、サラブレッドの競走馬を育て、何百人もの調教師がとても温かい指導のもとトレーニングに励んでいます。

「理想とする生活」のヴィジョンを明らかにする方法

「あなたの未来は、未来から築け。これまでの経験からではない」

ウェルナー・エアハルト（アメリカの有名な自己啓発セミナー「EST」の創設者）

次の演習問題は、あなたのヴィジョンを明らかにするために作られています。答えを書き留めるという純然たる心理的演習問題として解いてもいいのですが、もう少し時間をかけて深く考えてみてください。そうすれば、自分のために意味のある答えが得られるはずです。

リラックスする音楽をかけ、誰にも邪魔されない静かで快適な空間に座ってください。そして、目を閉じ、次のそれぞれのカテゴリーごとにあなたが望む理想的な生活のイメージを自分の本心に尋ねてみましょう。

1. まず、あなたが望む生活の経済面に焦点をあてよう。

あなたの年収はいくらくらいだろうか？　家計はどんな具合だろうか？　どれくらいの預貯金や投資額があるのか？　純資産はいくらか？

また、あなたの自宅の外観はどんな感じか？　立地場所はどこか？　景観はいいか？　どんな前庭や裏庭があるのか？　プールはあるか？　壁の色は？　どんな家具があるか？　部屋には絵画が掛けてあるか？　それはどんな絵画か？　すべての詳細を書いて、あなたの望む家を完《かん》璧《ぺき》に説明しなさい。

この時点では、その家をどのようにして手に入れるかは考えない。「自分は収入が少ないから、こんな高級住宅地には住めないだろう」などと遠慮しては駄目。ヴィジョンが描ければ、「金が足りない」という問題は解決されるからです。

さらに、どんな車を所有しているのかなど、あなたが購入する所有物を想像してみなさい。

2. 理想的な仕事や経歴を心に描いてみよう。

どこで働いているか？　どんな仕事をしているのか？　誰と一緒に働いているのか？　どんな

得意先や顧客がいるのか？　収入はいくらか？　それは自分自身の会社か？

3. レクリエーションと自由時間に焦点を当てる。自分自身のための自由時間を家族や友人たちとどのように過ごしているのか？　どんな趣味を持っているか？　どんな休暇を過ごすのか？

4. 健康とフィットネスについての理想的な姿とはどんなものか。病気はしていないか？　何歳まで生きるのか？　一日中、解放的な気分でリラックスし、幸福感に浸っているか？　生命力に溢《あふ》れているか？　力強く、同時に柔軟でもあるか？　運動をし、健康的な食事をしているか？

5. 家族や友人たちとの人間関係の理想的な姿を思い浮かべてみよう。家族との関係はどうだろう？　どんな友人がいるか？　彼らとの友情関係はどんな具合か？　彼らは愛情豊かで、力を与えてくれるか？　友人たちと一緒にどんなことをするか？

6. あなたの私的な目標はどうだろう。もう一度大学に戻って講義を受けているか？　楽器の演奏を習ったり、自叙伝を書いたりしているか？　マラソンレースに出場するか？　美術の講座を受けているか？　あるいは外国を旅行しているだろうか？

7. 最後に、自分が住んでいる地域社会への貢献について焦点を当ててみよう。その地域社会の理想的な状態とはどんな状態か？　町としてどのような行事を行っているか？　あなたはそれに参加しているのか？　あなたは慈善活動に参加しているか？　それらの活動にどのくらい頻繁に参加しているか？

答えは、1問ずつ順番に書いてもいいし、全問を読んで一気に書いてもかまいません。どちらの場合でも、答えはその場ですぐに書き留めておきましょう。そして、書き留めたそのヴィジョンは毎日復唱しましょう。そうすれば、意識的にも、無意識的にも心がそのヴィジョンに焦点を当てるようになります。

さらに、この後、本書に書かれてある法則やその実践方法を行うと、あなたのヴィジョンはまったく違った側面を現すようになります。

自分のヴィジョンを友人と分かち合いなさい

ヴィジョンを書き留めたら、次に前向きに自分のことを応援してくれる友人に打ち明けて、そのヴィジョンを分かち合いましょう。「でも、その友人に自分のヴィジョンは風変わりで、実現不可能で、理想的過ぎるなどと思われたら……」と心配になるかもしれません。しかし、自分たちのヴィジョンに関しては、ほとんどの人が似たような不安を感じているものです。そして、誰もが心の奥底では、あなたと同じように大きなヴィジョンを求めているのです。誰もが、富や快適な家、楽しくて価値のある仕事、健康、好きなことをする時間、家族や友人たちとはぐくむ人間関係、世界をアッと言わせるようなことをする機会などを欲しています。ただ、それを口にできる人が少ないだけなのです。

そして、あなたが自分のヴィジョンを誰かと分かち合おうとすれば、その実現を助けてあげようとする人が必ず現れます。また、あなたの助けになるだろう友人や手段を紹介してくれる人も現れるのです。

さらに、そうして自分のヴィジョンを誰かと分かち合うたびに、それはよりクリアになり、現実味を帯び、達成できそうな気になります。そして、もっとも重要なことですが、ヴィジョンを分かち合うたびに「達成できる」という信念があなたの意識下で強まるのです。

法則4 実現可能だと信じなさい

「今日のアメリカで成功を得られない人たちの一番の問題点は、自分自身に対する自信の欠如である」

アーサー・L・ウィリアムズ（A・L・ウィリアムズ保険会社の創設者。1989年に約9000万ドルでプリメリカ社に売却した）

ナポレオン・ヒルはかつてこう言いました。

「心に思ったり、信じたりすることは、それが何であってもすべて実現可能である」

実際、心とはそれほど強力な器官であり、あなたが望むことは文字通りすべてが達成可能なのです。だから、まずは「望むことはすべて実現可能だ」と信じることが先決です。

信じれば脳は実現に向けて働き始める

かつて科学者たちは、「人間は、外界から脳に流入する情報に反応するもの」と信じていました。しかし、今日では「脳は、過去の経験に基づき次に起こると予測したことに対して反応する」ことが明らかになりつつあります。例えば、テキサス州の医師たちが行った例があります。彼らは、膝関節《しつかんせつ》の内視鏡手術を受けようとする患者にある実験を行いました。膝関節が磨耗し、痛みを訴える3人の患者に対し、3種類の異なる治療を施したのです。ひとりは痛む膝関節を取り除く手術。もうひとりは関節を洗浄する治療。そして、最後のひとりには何もしない。「何もしない」治療では、医師たちは患者を麻酔にかけ、実際に膝《ひざ》の3か所を切開し、手術をしたかのように装いました。

ところが、それから2年後、見せかけの手術を受けた患者も、実際の手術を受けた患者と同様、痛みや腫《は》れが治まったと報告されています。「手術」を受けたのだから膝は良くなったはずと脳が思い込むことにより、治癒したのでした。

脳はなぜこのような反応をするのでしょう。「人間の期待」に関する研究をしている心理学者たちは、「我々は生きている限り、条件反射を重ねてしまう」と説明しています。人生でいろいろな出来事を経験することにより、（最終的にそうなるかは別問題として）脳は次に起こるだろうことを予測し、その予測どおりのことを実行してしまうのです。

だから、我々は自分の心の中にポジティブな期待を持つことが、非常に重要なのです。これまでのネガティブな予想を、よりポジティブな期待に替え、自分が求めることはすべて実現可能なのだと信じたとき、あなたの脳は実際にあなたの期待が実現可能なものと判断し、そして最終的には実現されるものとして働き始めるのです。

「信じることさ！」で成功を掴んだ男

「十分な確信をもって信じ、その信念に基づいて行動すれば、あなたはあなたの望みどおりになれる。心で考え、信じることができることなら何でも、心は実現することができるのだ」

ナポレオン・ヒル（ベストセラー『思考は現実化する』の著者）

カントリーシンガーであるティム・マクグローの父親、タグ・マクグローはフィラデルフィア・フィリーズのピッチャーでした。彼は1980年のワールドシリーズで、最後にウィリー・ウィルソンを三振に切って取って優勝を決めた投手でした。そのとき、ピッチャーズマウンドで見せた彼の歓喜の表情は、『スポーツ・イラストレイテッド』誌に掲載されました。

しかし、その表情は、実はマクグローが以前から何度も演じていたものであったことを知る人は少ないでしょう。

ある日の午後、私はニューヨークでタグに会う機会がありました。そのとき私はあのマウンドで見せた表情について尋ねました。すると、彼は、

「あのときはもう何千回も経験したシーンのように思っていた」と言いました。

「少年のころ、僕は裏庭で父を相手にピッチング練習をして育った。そこで僕たちはワールドシリーズの九回裏、ツーアウト満塁の場面を想定して練習していたんだ。そして、僕はいつも三振を取って抑えていた」

タグは小さいころから毎日のように、自分の脳をその気にさせていたため、実際にその運命の日が訪れ、彼は自分の夢を実際に経験することができたというのです。

その7年前から、彼の評判はポジティブな思考の持ち主として広まっていました。１９７３年、ニューヨーク・メッツがナショナル・リーグのペナントレースを争ったとき、チーム・ミーティングでタグは必ず「信じることさ！」というセリフを吐いた。すると、メッツは8月まで東地区最下位だったのが、なんとナショナル・リーグのチャンピオンになってワールドシリーズに進出し、最終の第7戦までもつれ込んだのでした。残念ながら、ワールドシリーズでは最終的にオークランド・アスレチックスに敗れましたが……。

「信じることさ！」という彼のポジティブな姿勢、生き方を伝える逸話がもうひとつあります。リトルリーグのスポークスマンを務めていたとき、彼はこう言っていたのです。

「子供たちは野球ボールにサインする練習もしたほうがいい。今のリトルリーグでは、その大事な練習はほとんど無視されている」

成功は自分自身を信じることから

「結局、勝利者とは、自分にはできるんだと考えている人たちのことである」

リチャード・バック（ベストセラー『かもめのジョナサン』の著者）

ティム・フェリスは自分の可能性を信じる人間でした。自分の能力を信じていたため、習い始めてわずか6週間でサンダ・キックボクシング（散打＝投げ技もある中国式キックボクシング）の全米選手権で優勝してしまったのです。

ティムはかつてプリンストン大学の柔道部キャプテンで、オールアメリカンにも選ばれた実力の持ち主であり、全米選手権でも優勝できると確信していました。それで一生懸命に練習したのですが、大きな故障を負い、とうとう彼の夢は実現されませんでした。

その彼にある日、ひとりの友人が電話をかけてきました。6週間後に開催されるサンダ・キックボクシングの全米選手権に出場するので、応援に来てくれという誘いでした。ところが、ティムは応援ではなく、その友人と一緒に選手権に出場することを決めたのです。

しかし、彼はそれまで打撃系の格闘技は未経験でした。そこで、まず全米ボクシング協会に電話をかけ、最高レベルのコーチの連絡先をいくつか教えてもらいました。その結果、ニュージャージー州トレント市のやや怪しげな地区にあるジムを訪れ、そこでかつて金メダル選手を教えたこともあるボクシングのコーチに教わることにしました。彼は、毎日4時間、まずリングで実戦的トレーニングを行い、それからウエイトトレーニング・ルームで長い時間鍛え抜きました。大会までの期間が短かったので、ティムのコーチは、彼の弱点を矯正するよりも、彼の長所をより強化することに集中しました。

ティムは大会に参加するだけでは満足できず、勝ちたかったのです。

そして、試合の日。ティムはなんと、前評判の高かった3選手を次々に倒し、決勝にまで進出したのです。決勝戦の直前、彼は目を閉じ、第1ラウンドで相手を倒すイメージを思い描きました。

後にティムは私にこう言いました。

「ほとんどの人の失敗の原因は、目標に達するだけの技術や才能がないことではなく、自分にそれができると信じないことさ」

実際、ティムは自分を信じ、そして優勝したのです。

自分の夢を信じ、応援してくれる友を作りなさい

20歳のルービン・ゴンザレスがニューヨーク州レイクプラシッドにある全米オリンピック・トレーニングセンターに着いたとき、彼の名刺はテキサス州ヒューストンのある会社のものでした。このビジネスマンは、「自分は何が何でも絶対にオリンピックに出る」という夢を持っていて、しかも実現できると信じていました。それで、ここでリュージュ競技を習おうと思って来たのでした。

しかし、リュージュは1シーズンを終えると10人中9人はやめてしまうようなタフな競技です。コンクリートと氷でできた、距離1マイルのダウンヒルのコースを時速145キロメートルでぶっとばすこのスポーツをマスターするまでに、誰もが骨の2〜3本を折りました。

でも、ルービンには夢と情熱、そして途中で投げ出さない根性があり、さらにヒューストンに

はクレイグという彼を応援してくれる友人がいたのです。

ルービンは初日の訓練を終えて部屋に戻ると、すぐにクレイグに電話しました。

「クレイグ、もう真っ平だ！　横腹が痛いし、足は骨折したみたいだ。もうたくさんだ。そっちに戻ってサッカーやるよ。だから……」

話の途中でクレイグがさえぎった。

「ルービン、まず鏡の前に行ってみろ」

「何だって？」

「鏡の前に行けって、言ったんだ」

ルービンは立ち上がり、電話線を延ばして大きな鏡の前に立ちました。

「よし、そこで私の言うことを反復するんだ。いいな。『どんなに辛い目にあっても、そしてどんなにひどいことになろうとも、俺はやりぬくぞ！』」

ルービンは自分の姿を鏡に映しはしたが、ばかばかしかったので、適当な口調で言いました。

「どんなに辛い目にあっても〜、そしてどんなにひどいことになろうとも〜、俺はやりぬくぞ〜」

「おい、ルービン、ちゃんと言えよ。君はオリンピックの選手になるんだろ！　だったら、そう言い続けるんだ。君はやるのか、やらないのか？」

ルービンは少しマジな気持ちになって、言いました。

「どんなに辛い目にあっても、そしてどんなにひどいことになろうとも、俺はやりぬくぞ！」

「もう一度！」

「どんなに辛い目にあっても、そしてどんなにひどいことになろうとも、俺はやりぬくぞ!!」

さらに、もう一度、もう一度、もう一度……。5回ほどそう叫ぶと、ルービンの気持ちはすっかり変化していました。

「クレイグ、なにか気分が良くなってきたぞ。背筋もしゃきっと伸びたようだ」

さらに10回ほど言ったあと、彼はジャンプして、叫びました。

「何が起こっても構うものか。俺はやるぞ。両足骨折したって平気だ。骨は治る。再起して、やりぬくぞ。絶対にオリンピック選手になるぞ！」

自分自身に向き合い、自分がしたいことをしっかりと言い聞かせると、驚くほど自信がみなぎってくるものです。どんな夢であろうが、鏡の中の自分を見つめ、どんなことがあってもそれを実現させるのだと宣言するのです。

ルービン・ゴンザレスはそう宣言したことで、人生を変えることができました。彼はそれから1988年カルガリー、1992年アルベールヴィル、2002年ソルトレイクシティと都合3度、冬季オリンピック大会のリュージュ競技に出場したのです。

法則5 自分自身の力を信じよう

「あなたは偶然に生まれたのではない。大量生産されたのでもない。あなたは、主によって、意図的にデザインされ、特別の才能を授けられ、そして愛情をもってこの地球に送られてきたのだ」

マックス・ルカード（ベストセラー作家）

自分が夢に描く生活を創造するには、自分がそれを実現できるのだと信じなければいけません。自分には必要な素質があって、それを生み出すことができると信じること。自分自身を信じることです。あなたは望む結果を作り出す才能、内的素質、技術など必要なものをすべて備えている、と心底から確信するのです。

自分自身を信じて生きてみよう

自分自身を信じるとは、生き方の「選択」であり、長年のうちに培われる生きる姿勢です。
もともと両親がポジティブに応援してくれる環境であればいいのですが、ほとんどの場合、我々の両親はごく普通で、小ぢんまりとした考え方やネガティブな環境の中で身につけたことを、何の気なしに我々にも教えてきました。

しかし、過去は過去。あなたの自信のなさを両親のせいにしても何にもなりません。あなたの生き方のコンセプトや信念を形成するのは、もはやあなた自身の責任なのです。これからは、「心に決めたことは何でもできる」と信じる生き方を選択しなければなりません。なぜなら、実際に何でもできるからです。

私がインタビューしてきた何百人もの大成功者のほとんどが、次のように発言しています。「私はこの分野で一番才能があったわけではない。でも何でも可能だと信じることにした。それで勉強し、訓練し、他人よりも余計に働いて、現在の地位に到達した」

前述した20歳のテキサスの若者がオリンピック選手になれたように、大学中退者が億万長者になり、3度落第した読字障害の学生がベストセラー作家やテレビ局のプロデューサーになれた（いずれも後述）のだから、あなただって可能だと信じれば、何だってできるのです。

可能だと信じて行動すると、その結果を得るのに必要なことを自然とやり始めるようになります。反対に、不可能だと思ったら、必要なことに着手できないし、当然、望んだ結果を得ることはできません。自分を信じることはすなわち自分が目標を達成できるという予言なのです。

自分を信じて目標に集中すること以上の才能はない

スティーブン・J・キャンネルは、1学年、4学年、10学年と3度も落第しました。彼は周りの学生のようには文章を読めないし、理解もできなかったからです。テストの前に母親と5時間も勉強しても落第したことがありました。成績Aを取った友達に、テストのために何時間勉強したのか尋ねると、「しなかったよ」という答えが返ってきました。それでスティーブンは、自分は頭は良くないという結論に達したのでした。

「でも、僕は心に誓って、そのことを考えないようにしたんだ」と、彼は私に言いました。「だから、考えることをやめたんだ。その代わり、自分のエネルギーをすべて自分が得意とするフットボールに集中させた。もし、自分にフットボールがなかったら、自分はどうなっていたかわからない。スポーツをする自分にプライドを持っていたからね」

彼は、エネルギーのすべてをフットボールに注いだ結果、ランニングバックとして高校リーグで賞を得るほどの選手になりました。何でも精進すれば卓越した存在になれることを、彼はフットボールを通して学んだのです。

後年、彼は自分を信じることのパワーを自分の仕事に転用し、面白いことに、テレビ番組の脚本を書く仕事に就きました。そして、自分のプロダクション・スタジオを作り、「ジ・Aチーム」「ロックフォード・ファイル」「バレッタ」「21ジャンプ・ストリート」「ザ・コミッシュ」「レネゲード」「シルク・ストーキング」など38番組に350本以上の脚本を書いたのです。彼のスタジオは、全盛期には2000人以上の社員を抱えていました。そして、スタジオ売却後は、11冊ものベストセラーを出版しています。

重要なのは、生まれつきの才能ではありません。目標に対して、精神的・肉体的にどう対応するかということであり、その最高の証《あかし》がスティーブンなのです。

「できない」という考えを捨てなさい

「〝できない〟という言葉は、人間心理の中で最強の〝否定語〟である」

ポール・R・シュリーフ（ラーニング・ストラテジー社会長）

もしも成功したいのなら、「できない」とか「できたらいいなあ」といった言葉は捨て去ることです。「できない」という言葉は、あなたから現実に力を奪ってしまうからです。その言葉を口にすると、あなたは本当に弱くなってしまうのです。

私のセミナーでは、キネシオロジー（バイオメカニクス）という運動学の理論を使って、受講者たちがいろいろな言葉を発する際の筋肉の強さを実証しています。まず、彼らには左腕を真横に伸ばしてもらい、私がそれを下に押し下げるように力を加え、彼らの腕の反発力を測る。次に、彼らに「私はピアノが弾けない」というように自分ができないことを大きな声で言ってもらう。そのときに彼らの腕を上から押し付けてみると、彼らの腕から感じる力は先ほどよりも弱くなっていることがわかります。しかし、反対に彼らができることを「私は～ができます」と言わせると、彼らの腕から感じる力は強まっているのです。

あなたの脳は、あなたの前にあるどんな問題でも解決しようとするし、どんな目標でも達成するようにデザインされています。ですから、あなたが考えたり、口にする言葉は、実際にあなたの体に大きな影響を及ぼすのです。

自分自身を信じる力に年齢は関係ない

1977年フロリダ州タラハシーに住むローラ・シュルツさんは当時63歳でした。彼女はビュイックの車後部を持ち上げ、腕が下敷きになっていた孫を救出しました。それまで彼女は20キログラムのペットフードの袋よりも重い物を持ち上げたことがなかったにもかかわらず……。

『ピーク・パフォーマンス』『成功者たち──米国ビジネス界のピーク・パフォーマーズ』などの著者で知られるチャールズ・ガーフィールド博士は、『ナショナル・インクワイア』誌で彼女の記事を読み、彼女のインタビューを試みました。ところが、彼女の家に行くと、彼女は自ら〝ザ・イベント〟と呼ぶその件について話すことを拒んだのです。なぜなら、それは彼女にとって「自分は何ができて、何ができないか」「可能なことは何か」に関する従来の考え方を真っ向から否定するものだったからでした。彼女はこう言ったそうです。

「これまで、自分ができないと思っていたことができたということは、私は自分の人生をどう考えたらいいの？　これまで無駄に過ごしてしまったということかしら？」

そこでチャールズは、「あなたの人生はまだ終わっていないし、今からでもやろうと思えば何でもできるんですよ」と説得しました。そして、彼女が何をしたいのか、何に情熱を感じるのかを尋ねたのです。

「以前から岩に対する興味があった」と彼女は答えました。「それで地質学の勉強をしたかったけれど、両親が貧しくて…」、彼女は進学をあきらめたというのです。

チャールズからの助言もあり、彼女は63歳にして学校に通って地質学の勉強をすることにしました。その後、彼女は学位を取り、地元の大学で教えるまでになったのでした。

でも、あなたは自分がやりたいことを決めるのに、63歳になるまで待つことはありません。その年まで人生を無駄にすることはないのです。「自分がやりたいことは何でもできる」と決心し、今すぐにそれに向かって実行し始めるのです。

他人にどう見られようが関係ない

「誰もあなたのことを信じていないときに、自分自身を信じることだ。そうすればあなたは勝つことができる」

ヴィーナス・ウィリアムス（女子プロテニスプレイヤー。オリンピック金メダリストで、元世界ランキング1位）

周りの人たちに、あなたとあなたの夢を信じてもらうことが成功の必要条件だとしたら、ほとんどの人の夢は成就されないでしょう。「あなた」が望むことに対する決断は、「あなた」の目標や欲求に基づいてなされるべきで、両親や友人、伴侶《はんりょ》、子供たち、会社の同僚などの目標ではなく、彼らの欲求、意見、判断などで決められるものではありません。他人がどう思おうが、気にするのはやめて、自分の気持ちに従いなさい。

私は、ダニエル・エイメン博士の「18／40／60の法則」が好きです。18歳のときは、周りの皆が自分のことをどう考えているか気になる。40歳になると、自分のことを誰がどう考えているのか、気にしなくなる。そして、60歳になると、誰もあなたのことなど気にしてなかったことを悟る。

実際、ほとんどの場合、誰もあなたのことなど気にも留めていません。なぜなら、彼らは自分の生活のことで精一杯だからです。もし、彼らがあなたのことを考えているとしたら、同様にあなたも彼らについて考えているはず。でも、あなたは彼らのことをさほど考えてはいないでしょう。他人があなたについてどう考えているか心配して時間を無駄にする代わりに、自分の目標を達成することを考え、どんどん実行するほうが賢明なのです。

法則 6 楽天主義で行け

「私はいつも被害妄想とはまったく逆の生き方をしてきた。すべての人が私に幸せをもたらしてくれる、私の幸せ物語の登場人物であるかのように思い、行動してきた」
スタン・デイル（人間意識学院の創設者で、『Fantasies Can Set You Free』の著者）

私の最初の指南役であったW・クレメント・ストーン氏は、あるとき、「自分は被害妄想の逆の症状だ」と称して、世間は彼の邪魔をするのではなく、「世間は自分に良いことをしてくれるものだ」と信じることにしました。そして、困難な仕事も、ネガティブに捉《とら》えるのではなく、自分を豊かに、成長させてくれ、自分の存在価値を高めてくれるものと理解しました。

それは、信じられないほどポジティブな考え方でした。周りが皆、自分を応援してくれ、自分にチャンスを与えてくれると信じるなら、人生の成功は容易でしょう。でも、成功者はまさにそうしているのです。

さらに、成功者たちが振り撒《ま》く、そうしたポジティブな〝期待の波動〟が、彼らを目標により強く引き付けるという科学的な研究があります。

そう考えると、どんな障害やネガティブな事柄も、「世界は俺を嫌っている」と捉えるのではなく、「自分が成長し、変化し、成功するためのいいチャンス」と思えてきます。例えば、会社から解雇されたとしても、それはもっと給料の良い、夢のような仕事を探すいい機会だと思えます。たとえ癌《がん》になったとしても、治療のために生活を変えることで、今よりもはるかに健康的でバランスの取れた生活ができるようになり、自分にとって何が重要なことかを発見できるかもしれません。

考えてみてください。これまでの人生の中でも、あなたは何度かひどい目にあってきたはずです。しかし、それも今になって考えてみると、結局は〝天の恵み〟だったと思える経験があるでしょう。

「すべてのネガティブな出来事は、それと同等、またはそれ以上に大きな幸運の種を包含しているものだ」

ナポレオン・ヒル

私の最大の幸運は1970年代に訪れました。当時、私はアイオワ州クリントン市の職業部隊(Job Corps)センターで、教科開発担当官として働いていました。ところが、ある日、そこが閉鎖されることになったのです。私はそこで、いわゆる「落ちこぼれ」のためのまったく新しい学習システムを作っており、その仕事を心から楽しんでいました。しかし、政府が同センターの移転を決めてしまったのです。

この決定に、最初私は動転しました。次の仕事を探さなければならないからです。そこで私はシカゴのW・クレメント&ジェッシー・V・ストーン財団の講習会に参加したときに、講習会のリーダーに自分の窮状を相談しました。たまたまその人は同財団の副会長でした。そして、私に仕事を申し出てくれたのです。「スラムの黒人やヒスパニックの子供たちの面倒をみてきた君のような人材を雇いたい。ぜひ、うちで働いてほしい」。しかも彼らは、それまで以上の給料に加え、無制限の事業予算を認め、希望するどんな講習会、訓練、コンベンションにも出席できるように配慮してくれたのでした。その結果、私はW・クレメント・ストーン氏の直属の部下になり、彼からここに紹介する「成功の法則」をいくつも教えてもらったのです。

初めに職業部隊センターの移転とそれに伴う私の失職を知らされたとき、私は怒り、不安になり、意気消沈しました。ひどいことだと思いました。しかし、結果的にそれは私の人生にとっての大きな転機になりました。3ヶ月のうちに、私の人生は「グッド」から「グレート」に変わった。さらにそれから2年、私はそれまで出会った人の中でももっとも「すごい」と思われる人たちと一緒に仕事をして、その後、マサチューセッツ大学の博士課程に入学して、教育心理学を専攻することになったのです。

今では何か「悪い」ことが起こっても、そこにはもっと良いものの種が入っていると思うようにしています。悪い面ではなくて、良い面を見る。そして、「この出来事の良い点は何だろうか」と自分に尋ねるのです。

世も末だと思うことが、あなたの人生でもいくつかあったでしょう――落第、失職、離婚、友人の死、ビジネスの失敗、ひどい怪我《けが》や病気、自宅の火事などなど。でも後になって、それは形を変えた〝天の恵み〟だったとわかったことがありませんか。同様に、あなたが今経験している苦しみも、将来必ず好転することを悟ってください。

そして、何か良い面を探そうとすると、より早く、より多くのチャンスが見つかるものです。また、必ず好転するという態度を取っておれば、待っている間もそれほど慌てたり、落胆しないで済むものなのです。

すべてのことに宿るチャンスを探し出しなさい

人生のすべての面において、「これが有する潜在的なチャンスは何だろう?」と、自分自身に問いかけてみてはどうでしょう。大成功者たちは、すべての経験を「チャンス」と捉えます。人と出会い、会話を交わすときは、必ず何かいいことが生まれると信じている。そして、自分が探したり、期待したりすることは、必ず見つかることを知っているのです。

「良いこと」は偶然には起きません。人生で遭遇するすべての人や物事には、もともとそうなる理由があるのです。実は、宇宙があなたの究極の運命的ゴールに向かって、あなたを動かしていると考えてごらんなさい。すると、どんなに困難や挑戦しがいのあることも、すべてあなたの人生をより豊かに、前進させるためのチャンスと考えることができるでしょう。

一日の初めに、次の言葉を反復してみてください。

「今日も世界が私にいいことを授けてくれる。それが何なのか、今日これからの出会いが楽しみだ」

そして、チャンスと奇跡を追求しなさい。

法則7 脳のパワーを引き出す目標設定

「幸福になりたかったら、あなたの考えを駆使し、あなたのエネルギーを解き放ち、あなたの希望を奮い立たせるような目標を設定しなさい」

アンドリュー・カーネギー（1900年初頭の全米一の大金持ち）

人生の目的がわかり、ヴィジョンを定め、自分の本当の欲求を明確にしたら、それらを具体的で、計量可能な目標、到達点に置き換えましょう。そして、自分はそれらを必ず達成するのだと確信を持って行動するのです。

「成功の科学」の専門家は、脳は目標を追求する器官であると定義づけています。あなたの潜在意識にどのような目標を与えようが、あなたの脳はそれを達成すべく昼夜そこに向かって突き進むのです。

上手な目標設定があなたを成功に近づける

設定した目標が、あなたの潜在意識が持つパワーを解き放つようにするには、次に示す2つの条件を満たさなければなりません。そして、その目標設定は、あなたはもちろん、ほかの人も検証可能でなければなりません。

すなわち、「体重を5キロ減量するぞ」ではなく、「6月30日の午後5時までに体重を70キロ以下にするぞ」のほうが効果的です。なぜなら、6月30日の午後5時が来れば、あなたの体重が何キロになったか、誰でも検証可能だからです。

いま、ここで提示した2つの条件とは、「いくつ」（ページ数、ドル、㎡、点数など、計量可能であること）と「いつまでに」（特定の日時）です。さらに、目標はできるだけ具体的に規定しましょう。例えば、メーカー名、モデル名、色、年、性能、サイズ、重量、大きさ、形など諸々《もろもろ》の詳細です。反対に、不明瞭《ふめいりょう》な目標設定は不明瞭な結果を生む、ということを覚えてください。

では、より明確な目標設定の例を挙げてみましょう。

効果的ではない目標設定＝海岸に素敵な家を持ちたい。
効果的な目標設定＝２００７年４月30日の正午までに、カリフォルニア州マリブの太平洋岸高速道路沿いに４０００平方フィートの家を持つぞ。

効果的ではない目標設定＝減量したい。
効果的な目標設定＝２００７年１月１日の午後5時までに、体重を80キロにする。

効果的ではない目標設定＝部下たちの社内待遇を改善したい。
効果的な目標設定＝今週金曜日の午後5時までに、会社への貢献に対して、最低6人の社員を表彰しよう。

詳細を文章にしてみなさい

あなたの目標設定がわかりやすい具体性を得る最良の方法は、その詳細をいわゆるマニュアルのように細かな文章にして書き記しておくことです。

家を手に入れたいのなら、その特徴を鮮やかに、色彩豊かに詳細にわたって書き記すのです。地域、造園、家具、美術品、音響システム、見取り図など。家の絵や写真があるなら、そのコピーを入手しましょう。もしもそれが夢想であるなら、目を閉じて、ゆっくりとその詳細を頭の中に描いてみましょう。

そして、最後にそれを手に入れる日を記入します。

それらすべてを書き留めたなら、あなたの潜在意識は何をしたらいいかを理解するでしょう。あなたがその目標を達成するために、どんなチャンスをものにしたらいいか、潜在意識は理解するのです。

自分を成長させる大きな目標を設定しよう

あなたが目標を設定するとき、自分を成長させてくれるような、スケールの大きなものにしましょう。その達成には、自分自身の成長が必要となるような目標を持つことです。あなたが少々不安になるくらい大きな目標を……。なぜなら、あなたの人生における究極の目標は、単に物質的な素晴らしい目標を手に入れることだけでなく、自分自身が成長し、「人生の達人」になることだからです。それには、あなたが新しい技能を学んだり、よりヴィジョンを広げたり、新しい人間関係を築くような目標でなければならないのです。

現状を打破する目標を持とう

あなたのヴィジョンを測定可能な目標にするか、もしくは四半期・毎週・毎日ごとに検証できる目標に転換しましょう。そして、あなたとあなたの人生にとって大きな飛躍となる、「現状打破的目標」を設定することです。

ところが、ほとんどの場合、設定される目標は我々の人生を漸進的（少しずつ）に向上させる程度のことが多いのです。アメリカンフットボールで言えば、4ヤード程度の前進を狙うプレーのようなものです。しかし、一回のプレーで50ヤードのロングパスを通すことができたらどうでしょう？　それこそ、あなたの人生のゲームにおいて大きな飛躍となります。フットボールで一回のプレーで大幅に前進できるように、人生でも同様のプレーが可能なのです。例えば、オリンピックで金メダルを獲得する、大人気のウェブ・サイトを作る、修士号や博士号を取得する、特殊な免許を取得する、自分専用の温泉を掘る、組合や同業者団体の会長に選出される……、といったようなことです。こうしたことが実現されたらあなたの人生は一変します。それは、まさに「現状打破的目標」です。

そして、そうであれば、あなたの全情熱を傾ける価値があるでしょう。毎日少しずつでも集中して取り組むべき価値があります。

例えば、あなたが歩合制のセールスマンだとして、より売り上げが見込める地域を割り当てられたり、大幅なボーナス・コミッションを約束されたり、目標数の顧客を獲得すれば昇進が約束されているとなれば、その目標達成のために日夜頑張ろうという気になるでしょう。なぜなら、それはあなたの人生を変え、新たなチャンスをもたらし、有益な人たちとの交流を生み、すべての行動、関係、人脈などをもっと高いレベルに引き上げてくれるからです。

では、あなたにとっての「現状打破的目標」とは何でしょうか。

私の弟のテイラーはフロリダ州で教師をしています。彼は、この5年の間に教育施設管理の資格を取得しました。それにより、年間2万ドルの新たな収入がもたらされることになったのです。そして、彼はサラリーが上がったうえに、学校内でより重要な役割を担うという、大きな飛躍が得られました。

私とマーク・ヴィクター・ハンセンにとって、ベストセラー本を書くことは現状打破的な目標でした。実際、『こころのチキンスープ』のヒットにより、アメリカの一部で知られる立場から、国際的に認められるレベルにまで引き上げられました。講演、セミナーなどの依頼が殺到し、また印税収入のお陰で、我々のライフスタイルは向上し、老後が保証され、自社の社員を増やし、新たなプロジェクトを受注し、さらに社会的に大きな影響力を持つことができるようになったのです。

自分の目標を1日に2~3回復唱しなさい

さて、自分の目標を書き出すことができたら、次のステップは毎日2~3度そのリストを見返し、自分の潜在意識の中の創造力を刺激することです。

そのためには、まず目標のリストを読み上げる時間を作りましょう。適当な場所を探し、大きな声で、リストを1つずつ情熱とやる気を込めて読み上げるのです。目を閉じ、それぞれの目標が達成されたときのことを思い浮かべてください。そして、各目標が達成されたら自分がどんな気持ちになるかも、少し時間をかけて、感じ取るようにしてみましょう。

このトレーニングを毎日行うことにより、あなたの目標を追求する力が刺激されます。なぜなら、これにより心理学者の言う「脳の構造的緊張」が増し、脳が「現状」と「目標のヴィジョン」との間のギャップを埋めようと働き出すからです。そして、目標を常に復唱し、それが達成されたときのイメージを抱くことにより「脳の構造的緊張」はより高まり、それがあなたのやる気を増幅させ、創造力を刺激し、目標を達成するのに役立ついろんな手立てを集めてくれるのです。

朝の起床時と、夜の就寝時。少なくとも毎日2回は自分の目標を見返すようにしましょう。私は自分の目標を、それぞれ7×13センチのカードに書き記しています。そして、そのカードの束をベッドの脇に置き、朝と夜に1枚ずつ見るようにしています。出張に行くときも、そのカードは必ず持っていきます。

また、目標を自分のスケジュール表に書き込んでおくのもいいでしょう。あるいはパソコン画面の〝壁紙〟やスクリーンセーバーに書き込むなど、目標を常に見られるようにしておくことが大事です。

陸上・十種競技のオリンピック選手であるブルース・ジェンナーがオリンピック出場を目指す多くの若い選手に向かって「目標を紙に書き留めているか？」と尋ねると、全員が手を挙げました。そこで、彼は「では、そのリストを今持っているか？」と尋ねると、手を挙げたのはたった1人でした。それがダン・オブライエンで、1996年のアトランタ・オリンピック大会に出場し、十種競技で金メダリストになった選手でした。

目標を定め、常に復唱することのパワーを見くびってはいけません。

目標を書いたノートを作ろう

目標の達成を早めるもうひとつの強力な方法は、自分の目標を記した専用ノートを作ることです。バインダー、スクラップブック、大判の日記帳などがいいでしょう。目標を1つずつ、各ページの上部に書き、その下にその目標の画像（絵、写真、雑誌やカタログの切り抜きなど）を貼《は》り付け、まるでその目標がすでに達成されたかのような気分にさせるのです。新しい目標や欲求が生まれたらリストに加え、目標ノートにも追加すればいい。この目標ノートも全ページ、毎日見返すことが重要です。

もっとも重要な目標は、財布に入れておきなさい

W・クレメント・ストーン氏の下で働き始めたころ、彼は私に「もっとも重要な目標は自分の名刺の裏に書き、いつも財布の中に入れておくように」と教えてくれました。すると、財布を開けるたびに自分の最重要の目標が思い起こされたのです。

マーク・ヴィクター・ハンセンに出会うと、彼も同じテクニックを使っていることに気がつきました。最初の『こころのチキンスープ』を書き終えた後、私たちはそれぞれ小さなカードに、「1994年12月30日までに『こころのチキンスープ』を150万部売り上げ、とても幸せな気持ちになっている」と書きました。そして、お互いのカードにサインをして、それを財布に入れておいたのです。そのカードは今でも額に入れて、私の机の上に置いてあります。

そのカードを見た出版社の連中は笑って、私たちはおかしいと言いました。しかし、我々はその目標の日付までに130万部を売ったのです。「20万部届かなかったね」と言われるかもしれ

ませんが、それは誤差の範囲でしょう。その後、この本は世界中で30の言語に翻訳され、合計で800万部以上も売れたのです。

人生で達成させたい目標を101個書き出しなさい

「人生に飽き飽きし、朝起きても何かしたいと燃える気持ちが湧かないとすれば、それは目標が足りないのだ」

ルー・ホルツ（前出、アメリカンフットボールの超有名コーチ）

ノートルダム大学フットボールチームの伝説的な監督であるルー・ホルツ氏は、目標設定の達人としても伝説的な人物です。目標設定に関する彼の信条は1966年、彼が28歳のとき、サウスカロライナ大学のアシスタント・コーチとして雇われたときの教訓から生まれています。彼の妻のベスが第3子を妊娠（8ヶ月）しているとき、ルーは貯金をすべて新しく移った家の頭金に当てていました。ところが、1ヶ月後にルーを雇った監督が辞任し、ルーも職を失うことになったのです。

彼を勇気づけようと、妻はデイビッド・シュワルツ著の『Magic of Thinking Big』という本を彼にプレゼントしました。その本には、人生で実現したいと思うすべての目標を書き出せと書いてありました。さっそくルーは、テーブルの前にすわり、気持ちを楽にして、死ぬまでにやってみたいと思うことをなんと107項目も書き記したのです。それは、彼の生活のあらゆる分野を網羅していました。ホワイトハウスに招かれて食事をする。ジョニー・カーソン司会のテレビ番組「トゥナイト・ショー」にゲスト出演する。ローマ法王に謁見する。名門ノートルダム大学チームの監督になる。そのチームを全米チャンピオンにする。そして、ゴルフでホールインワンをする、などでした。彼は現在までに、それらの目標のうち82項目を達成しました。ただし、ホールインワンは一度ではなく、二度もやってのけましたが……。

あなたも人生で達成させたい目標を、時間をかけ、101項目書き出してみましょう。そのときには、詳細も書くこと。どこで、いつ、どのくらい、どの製品モデルのどのサイズを……。それらをカードや目標ノートなどに書き写します。そして、1つ達成するごとに消して、その横に「勝利」と書くのです。私も死ぬまでに手に入れたい101の大きな目標のリストを作成し、これまでの14年間で58項目を実現させています。

ブルース・リーの手紙

映画史上、おそらく最も偉大なアクションスターであったブルース・リーは、目標を宣言することのパワーを理解していました。ニューヨークのレストラン「プラネット・ハリウッド」を訪れる機会があれば、彼が自分宛《あて》に書いた手紙が壁に飾られてあるので探してみるといいでしょう。1970年1月9日の日付で、「秘密」のスタンプが押されてあります。その手紙にブルースはこう書いていました。

「1980年までに私は全米一有名なアジア人俳優になり、1000万ドル（12億円）の資産を持つだろう。そのために、私はカメラの前ではいつもベストの演技をし、幸せで調和に満ちた生活を送っているだろう」

ブルースは3本の映画に主演、その最後の作品『燃えよドラゴン』は1973年に撮り終え、彼が33歳の若さで死去したすぐ後に公開されました。その作品は世界中で大成功をおさめ、手紙に書いたとおり、ブルース・リーを世界的スターに押し上げたのです。

ジム・キャリーの小切手

1990年ごろ、カナダの喜劇俳優だったジム・キャリーは一旗揚げようとロサンゼルスにやってきました。そして、古いトヨタに乗ってハリウッドを見下ろすマルホランド通りまでドライブし、通りに腰を下ろして眼下の街を見つめました。そこで彼は、自分の将来を夢見ながら、自分宛に1000万ドル（12億円）の小切手を切ったのです。支払日は1995年の感謝祭の日。ただし書きには「演技料として」と書き加えました。彼は、その日からそれを財布の中に入れて持ち歩きました。その後の彼の経歴はご承知のとおり。やがて、キャリーの楽観主義と粘り強さが開花し、『エース・ベンチュラ』『マスク』などの映画で大成功を収めたのです。そして、1995年には1作品当たりの出演料が2000万ドル（24億円）の大俳優になっていました。

「憂慮」「恐怖」「障害」は目標に至る過程の一部

ところで、目標を設けた途端、ほとんどの場合、それを阻止しようと3つのことが現れます。でも、あなたは大丈夫。なぜなら、その3つのことは目標に至る過程の一部であり、そのことを前もって知っておけば対処できるからです。つまり、大した問題ではないのです。

その成功への3つの邪魔ものとは「憂慮」「恐怖」、そして外的な「障害」です。

考えてみてください。例えば、「来年は収入を倍増させたい」と言った途端、いろいろな憂慮、つまり心配事が心に浮かんでくるでしょう。「2倍働かなければならない」とか「家族と過ごす時間がなくなってしまう」「そうなれば、妻が許してくれないだろう」。

また、こんなことも考えられます。「自分のセールス地区ではこれ以上の売り上げは無理だ。今の得意客にこれまで以上に商品を買わせるのも到底不可能だ」

もしもあなたがマラソンを走ると言ったら、頭の中でこんな声が聞こえてくるでしょう。「怪我をするかもしれない」とか「毎日2時間早く起床して練習をしなければならない」、あるいは「マラソンを始めるには年を取り過ぎている」。

そのため、あなたはその目標達成は不可能だと考え、目標設定自体が間違っていると判断してしまうかもしれません。

しかし、こうした「憂慮」が浮かび上がるのは、実はいいことなのです。なぜなら、それこそが無意識のうちにあなたを躊躇《ちゅうちょ》させてきた陰の要因だからです。今、あなたはそれらを意識の表面に引っ張り出してきたわけです。あとは、その「憂慮」する問題に対処し、追い払えばいいだけです。

次の「恐怖」は、気持ちの持ち方です。拒絶されはしないかという恐怖、失敗するかもしれないという恐怖、笑い者になったらという恐怖など、あなたは肉体的・精神的に傷つくことが怖いのかもしれない。あるいは貯金をすべて失うことが怖いのかもしれない。しかし、そういった恐怖心は何も異常なことではありません。目標に向かう過程の一部なのです。

最後の「障害」はまったく外的な問題で、あなたの考えや感情などの及ばない領域です。例えば、転職に妻が反対するとか、必要な資金が集まらないといった事態は「外的障害」です。その場合は、妻を説得したり、他の投資家を探す必要があります。あなたの計画を禁止する法律や条例がある場合も、「外的障害」です。そのときは、法律の変更を求めて、政府に陳情することが必要になるかもしれない。「外的障害」とは、世界があなたに向かって投げつける障壁であり、あなたが前進するにはクリアしなければならない障害のことです。でもそれは、どこにもあることであり、いつまでもあり続けるものなのです。

ところが不幸にも、これらの「憂慮」「恐怖」「障害」が現れると、ほとんどの人はそれが〝停止信号〟だと思ってしまうのです。彼らは言います。「自分はそれに関して考え、いろいろと調べた結果、やっぱりこの目標設定はやめておこうと思う」。しかし、これら「憂慮」「恐怖」「障害」は〝停止信号〟ではなく、前進すると必ず目の前に現れる過程の一部だと理解してください。例えば、キッチンを改造する際に大量の埃《ほこり》が舞うのは、当然の邪魔ものであり、仕方がないとあきらめるでしょう。でも、マスクなどで対策を講じていれば、まったく問題はありません。「憂慮」「恐怖」「障害」についても同じ。現れるのは仕方がない、あとは正しく対処すればいいのです。

実際問題として、これらの邪魔ものは現れるに決まっています。もしも出てこなかったら、目標そのものが小さすぎて、あなたを成長させてくれるスケールではないということです。

私は「憂慮」「恐怖」「障害」が現れても、むしろ歓迎するようにしています。なぜなら、それらは今まで私の前進を阻止してきた障害そのものである場合が多いからです。つまり、それまで潜在意識下にあった「憂慮」「恐怖」「障害」がはっきりと認識できるようになるわけであり、後はその問題に向き合い、処理し、解決すればいいだけです。そうすれば、結果的に、目標達成に向かってより良い準備ができあがることになるのです。

毎日の「やるべきリスト」

次の法則に進む前に、自分が達成したい目標のリストを、じっくり時間をかけて作ってみてください。「どれだけのことを、いつまでに」という測定可能な目標をあなたのヴィジョンのすべてについて作成しましょう。そして、現状打破的目標を定め、名刺の裏に書き、財布の中にしまっておきましょう。それから、死ぬまでにやりたい101個の目標のリストを作ること。

こうして、自分の目標、ヴィジョン、到達点などを明らかにしたあなたは、間違いなく世界の成功者のトップ３％に入ることになるでしょう。そこから成功者のトップ１％にはい上がるには、目標の達成に役立つ明確な段階的行動を、毎日の「やるべきリスト」に書くだけで良いのです。そして、その活動を実践すること。

こう考えてみてください。向かうべきゴールが明らかならば、毎日その方向に向かって数歩進んでいけば、いつか必ずそこに到達します。サンタバーバラから北に向かって毎日数歩ずつ進めば、最後にはサンフランシスコに到達できる。だから、何をしたいのか決め、紙に書き留め、常にそれを見返し、そしてそのゴールに向かって毎日何かすべきことをし続けるのです。

法則8 マインド・マッピング法

「成功の秘訣は、まず動き始めることだ。そして、動き始めるための秘訣は、あなたが抱える複雑で膨大な仕事を小さく、扱いやすい個別の作業に細分化し、その一番目から始めることだ」

マーク・トウェイン（著名なアメリカの作家・ユーモア作家）

私たちの人生におけるもっとも大きな目標は、圧倒的に、はるかかなたにあるように思えます。もともとそれらは小さな、実現可能な課題の集まりなのですが、そうは思えないことが多い。しかし実際には、どんなに大きな目標も小さな作業課題に細分化し、それらをひとつひとつ片づけていくことで成就されるものです。自分が本当に何をしたいのかを決め、いつまでにというはっきりしたデッドラインと測定可能な目標を定めたら、次はその目標を成就させるために必要なすべての行動項目を決めることです。

なすべきことを細分化しなさい

目標の実現に必要な行動の項目を明らかにする方法はいくつかあります。

1つは、あなたと同じ目標を既に達成した人に相談して、彼らが実践したステップを尋ねる方法です。彼らは自分の経験から、すべての必要なステップと避けるべき落とし穴についてアドバイスをすることができます。

もう1つは、目標達成までの過程を説明した本やマニュアルを求めること。

そして、最後の方法は、終着のゴールから逆に振り返ってみることです。目を閉じて、目指す未来に到達したと想像をします。そこでは、あなたは既に自分の目標を達成しています。そしてそこから過去を振り返り、自分がいる場所に到達するまで何をしてきたのかをたどってみるのです。もっとも直前でしたことは何か？　そしてその前にしたことは？　そしてその前は？　といった具合に時を逆戻りし、最終的にはスタートの時点まで戻って、その最初のステップを考えるのです。

目標に向かって何から手をつけたらいいのかわからない、ということはまったく問題ではありません。知っている人たちから指導やアドバイスをもらえばいいからです。ただし、アドバイスを得るには、時にお金を支払わなければならないケースがあるので注意が必要でしょう。

それでも、「～をどうしたらいいか、教えてもらえませんか？」とか「～するためには、まず何をすべきですか？」、「～をあなたはどうやったのですか？」と人に尋ねる習慣を身につけましょう。あなたが今いる所から望むステージに到達するまでの行動プランがまとまるまで、研究とともに質問を続けましょう。何をすべきか？　お金をいくら集めなければならないのか？　どんな新しい能力を修得すべきか？　どのような材料を集めるべきか？　誰を自分のヴィジョンに加えるべきか？　援助を誰に頼むべきか？　どのような規律や習慣を自分の生活の中に取り入れるべきか？——こうして、目標達成までにすべき行動プランを作成する技術は「マインド・マッピング法」と呼ばれています。

マインド・マッピング法を覚えなさい

目標達成へと至る詳細な「やるべきこと」のリストを作成するとき、マインド・マッピング法が、単純ですが、とても強力な手段になります。目標成就のための、集めるべき情報、相談すべき相手、必要なステップ、必要な資金、守るべきスケジュール管理などを決める助けとなります。

私が最初に教育オーディオテープを作製したとき——それは私自身と私のビジネスにとって大きな恩恵をもたらす画期的プロジェクトでしたが、私はこのマインド・マッピング法を使いました。テープ完成に欠かせない個々の作業を整理して処理しやすくするために、作業の中身をこの方法で細分化したのです。

私が教育オーディオテープのために作成したオリジナルの「マインド・マップ」を次ページで紹介してあります。あなたのマインド・マップを描くときの参考にしてください。

「マインド・マップ」の例

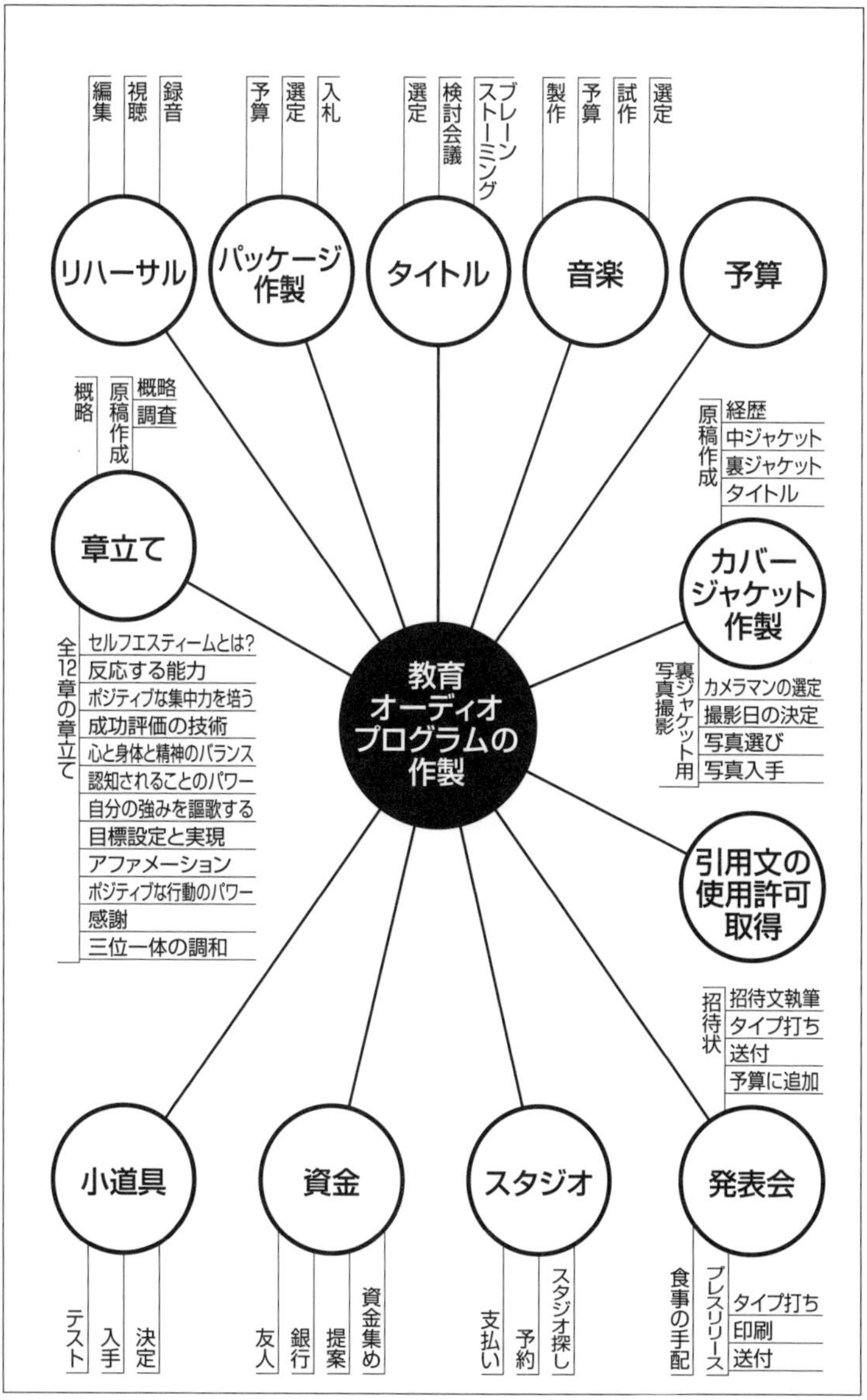
教育
オーディオ
プログラムの
作製
リハーサル
編集
視聴
録音
パッケージ
作製
予算
選定
入札
タイトル
選定
検討会議
ブレーンストーミング
音楽
製作
予算
試作
選定
予算
章立て
概略
原稿作成
概略
調査
全12章の章立て
セルフエスティームとは?
反応する能力
ポジティブな集中力を培う
成功評価の技術
心と身体と精神のバランス
認知されることのパワー
自分の強みを謳歌する
目標設定と実現
アファメーション
ポジティブな行動のパワー
感謝
三位一体の調和
カバー
ジャケット
作製
原稿作成
経歴
中ジャケット
裏ジャケット
タイトル
写真撮影
裏ジャケット用
カメラマンの選定
撮影日の決定
写真選び
写真入手
引用文の
使用許可
取得
招待状
招待文執筆
タイプ打ち
送付
予算に追加
小道具
テスト
入手
決定
資金
友人
銀行
提案
資金集め
スタジオ
支払い
予約
スタジオ探し
発表会
食事の手配
プレスリリース
タイプ打ち
印刷
送付

毎日の作業リストを作って最初にすべきことから始めなさい

あなたの目標のマインド・マップが完成したら、すべてのすべき項目を毎日の行動項目に書き入れます。ひとつひとつを毎日の「すべきことリスト」の小項目に加え、完了日を付記する。そして、それらをカレンダーにも記入し、その日程は何があっても守るようにします。

スケジュールをキープし、毎日、最重要項目から実行することです。ブライアン・トレーシーは著書『カエルを食べてしまえ！』の中で、すべての行動項目に優先順位をつけることで、優柔不断さを克服して実行する方法を示しています。

ブライアンはそのユニークなシステムの中で、こうアドバイスしています。

「目標を持っている人は、１日にしなければならないことを１～５個明確にし、その中でもどうしても最初にしなければならないことを選び出しなさい。それがあなたにとって〝もっとも醜いカエル〟となる」

そして、彼は最初にそれを片づけてしまうことを勧めています。つまり、その「カエルを食べてしまえ！」ということです。それほど嫌なことが済めば、その日の残りの作業はずっと楽になります。これはいい戦略です。私たちは不幸なことに、その〝もっとも醜いカエル〟を最後まで残し、それが消えたり、嫌でなくなることを期待しがちです。でも、そんなことは絶対に起きません。

その日、もっとも難しい作業を先にやってしまえば、あとの調子が決まり、勢いがつき、自信もついて、目標に向かって一層速く動いていけるのです。

前の晩に翌日の予定を作りなさい

成功者たちが、行うべき作業を細分化したうえで、自分の生活の主導権を握り、生産性を上げるために行っている最強の方法の1つは、前の晩に翌日の計画を作ることです。これがなぜ成功のための最強の戦略なのか？　理由は2つあります。

1. 前の晩に翌日の予定を作る。つまり、やるべきことのリストを作り、どのように1日を過ごすのかを的確にイメージする時間を持つ。するとあなたの潜在意識がそれらの作業のことを、夜中ずっと思考する。そして、あなたの脳は、どんな問題に対しても解決する創造的な方法を考え、いかなる障害も乗り越え、あなたが望む結果を生み出そうとする。ある理論によれば、この潜在意識はエネルギー波動を発し、あなたが目標を達成するために必要な人材や材料をあなたのもとに引き寄せるという。

2. 前夜に翌日のやるべきことのリストを作ることで、翌日は滑り出し快調となる。朝から、何を、どういう順序ですべきか的確にわかっているし、必要なものはすでに準備してある。午前中の中ごろには、周りのほとんどの人よりはるかに先を行っている。周りはまだデスクを片づけたり、リストを作ったり、必要な資料を探しているところかもしれない。つまり、まだ仕事の準備をしている段階だ。

法則

9

成功者に聞きなさい

「成功はヒントを残してくれる」　アンソニー・ロビンズ（『あなたはいまの自分と握手できるか』の著者）

現代に生まれたことによる恩恵の1つは、私たちがしたいと思うことのほとんどは、すでに誰かがやってくれているということです。減量、マラソン出場、起業、経済的な独立、ディナーパーティの開催……。それらは誰かがすでにやっていて、いろいろな形でヒントを残しています。そして、本、マニュアル、オーディオやビデオのソフト、大学の講義、オンラインの講座、セミナーなどで習うことができるのです。

もっといいのは、すでに成功した人に直接電話をかけること。そうすれば、彼らは先生、世話役、アドバイザー、コンサルタントなどとして話をしてくれることもあるでしょう。

こういった先人の情報を利用することにより、人生とは点と点を線で結ぶゲームだとわかるでしょう。すべての点はすでに成功した人によって置かれており、お膳立《ぜんだ》てができているのです。あとは、あなたがあなたの青写真に沿って、システムを使いながら、ひとつひとつ彼らが示してくれたプログラムを実施していくだけなのです。

疑問があれば成功者に尋ねよう

ダラスで朝のニュース番組に出演する準備をしていたとき、そのテレビ局のメイクアップ担当の女性に将来の目標を尋ねてみたことがあります。彼女は、

「自分の美容室を持ちたいとずっと考えている」と言ったので、

「ではそれを実現するために何をしていますか」と尋ねてみました。

「どうしていいかわからないので、何もしていません」と彼女は答えました。

そこで、私は彼女に、美容室のオーナーをランチに誘って、どうやって開業したかを尋ねることを勧めると、

「そんなことしていいの？」と、そのメイクアップ担当者は叫びました。

「もちろんさ。あなたはこれまでも、専門家からアドバイスをもらおうと考えて、途中でやめてしまったことがあるでしょ？『彼らは、自分がしてきたことを話すために、わざわざ時間を取ってくれるはずがない』とか、『彼らは、私に方法を教えて、競争相手を作るようなことはしないだろう』などと考えて……。そんな考えは捨てなさい。ほとんどの成功者は、自分のビジネスをどうやって作り、目標を達成したかを喜んで話したがるものです」

彼女と同様、ほとんどの人は自分の周りにある人材を活用しようとしないのです。理由はいくつかあります。

＊まず、思いつかない。周囲の人たちが利用していないので、自分もしない。両親もしなかった。友人たちもしていない。職場の同僚もしていない。だから、自分も……。
＊面倒くさい。まず、本屋や図書館などに出かけて調べなければならない。面会するには、さらに遠出をしなければならない。そのためにテレビや家族、友人たちとの時間を犠牲にしなければならない。
＊アドバイスや情報を求めても相手に拒絶されはしないかと不安になる。そのリスクを冒すのは嫌だ。
＊そうすることで自分の生活に変化が起こる。たとえ自分にとって役に立つ情報をもらえても、それに従えば居心地が悪くなるかもしれない。誰も不愉快なことはしたくない。
＊どれほどの努力が必要になるかわからない。正直言って、そんなに一生懸命に働きたくない、などなど。

しかし、あなたがこうした理由にしばられたくないと思うなら、どんどん身近にいる人材を活用して目標達成のヒントを得るべきです。

ヒントを探しなさい

他にヒントを見つける方法は3つあります。

1. あなたの目標達成の助けとなるような、先生、コーチ、助言者、マニュアル、本、インターネットサイトなどを探しなさい。
2. あなたがしたいと思うことを、すでに成し遂げた人を探しなさい。そして、自分がどうすべきかについて、30分間インタビューできないか、申し込んでみなさい。
3. そして、その人と1日行動を共にし、仕事ぶりを見ることができるか尋ねてみなさい。または、学びたいと思う人のボランティア、助手、インターンなどをして仕事の手伝いをしたいと申し出てみなさい。

法則10

心のブレーキをはずそう

「あなたが欲しいと思うものは、あなたの快適領域の少し外側にある」
ロバート・アレン（『ワン・ミニッツ・ミリオネア』の共著者）

あなたはパーキング・ブレーキをかけたまま車を走らせたことはないでしょうか？　そのことに気づいてから加速しようとするとき、あなたはアクセルを踏み込むでしょうか？　もちろん、そんなことはしないはず。パーキング・ブレーキを外したほうが簡単に加速できるからです。ところが、多くの人が、心のパーキング・ブレーキをかけたまま人生をドライブしています。心のブレーキである自分自身のネガティブなイメージを引きずったまま、そのブレーキを外したあとのことを心配しているわけです。そんな人たちは、いわば自分の「快適領域」に踏み留《とど》まっているのです。そして、自分の目標に向かうときも、自分のネガティブなイメージや既成概念でいっぱいの「快適領域」が邪魔をして、有効な行動を起こせないでいるのです。

しかし、あなたの「快適領域」とは、ほとんどの場合、自分で作りだした監獄です。「できるはずはない」「してはならない」といった古く凝り固まった考えや、それまで増殖してきたあらゆるネガティブな考えによって形成された、根拠のない思考でいっぱいの監獄なのです。

他方、成功者たちは目標に向かうとき、ただガムシャラに心のアクセルを踏み込むのではなく、自らを縛っている古い考えを除去し、それまでのイメージを変えようとします。彼らは、心のパーキング・ブレーキを外したほうが、ずっと楽に前進できることを知っているからです。

調教された象のようになるな

人間に飼育される象の赤ちゃんは、生まれるとすぐに狭い場所に閉じ込められます。そして、トレーナーによって、杭《くい》に結ばれたロープに足をつながれ、そのロープの長さの範囲でしか動けない状態で育てられます。それがその象の「快適領域」です。それでも赤ちゃん象は、初めのうちはロープを引きちぎろうとします。しかし、ロープは丈夫で、引きちぎれないことがわかってきます。そして、ロープにつながれているときは、その長さの範囲内で生きていかなければならないと悟るのです。

その象が5トンもの大きさに成長します。そうなると、ロープは簡単に引きちぎれるのですが、赤ちゃんのころからロープは切れないということを頭に刷り込まれているため、象は試みようとさえしないのです。こうして巨象は細いロープで、自分の行動範囲が縛られてしまうわけです。

あなたの姿に似ていませんか。細いロープと小さな杭が巨象をコントロールできるように、あなたも「快適領域」内の囚《とら》われの身になっていないでしょうか。あなたの場合のロープは、若いころに感じ、身についた考えやイメージです。

そこで、あなたの「快適領域」を変える方法を教えましょう。それは次の3つの方法です。

1. 望むものをすでに所有し、したいことをして、すでになりたい状態になったと思い込んで、ポジティブな独り言を口にしてみる。
2. 自分の望むものを所有し、望むことを実行し、望むようになるという、力強く説得力のあるイメージを頭の中に創造する。
3. 単に、行動を変えてみる。

これら3つのアプローチは、あなたの旧来の「快適領域」からあなたを解放してくれるはずです。

ネガティブなイメージをたち切れ

成功者たちの重要な姿勢は、同じところに留《とど》まろうとしないことです。

一方、私たちはいつまでも変わらぬ考えを持ち、変わらぬ信条を維持し、変わらぬ言葉を発し、変わらぬことをします。そのために、毎度、変わらぬ経験を何度も繰り返すのです。

私たちは際限のないループ、螺旋《らせん》の中の囚《とら》われの身になっているのです。それも、下向きの螺旋の……。自分自身を抑制すると、心の中に描くイメージもそれにあわせて小さなものになってしまいます。そして、その縮小するイメージがさらに私たちの行動を抑制し、それが次にまた抑制的なイメージを増幅するのです。

例えば、会社で発表をする際、「そこで主張すべき大事なアピールポイントを忘れてしまう」と想像するとしましょう。その想像が、「アピールポイントを忘れるというイメージ」を刺激する。そして、そのイメージがさらに不安な考えを作りだす。その不安があなたの明晰《めいせき》な思考能力を曇らす。その結果、現実に大事なアピールポイントを忘れてしまうのです。そして、最終的には「自分は人前では話ができない」と自分自身に思い込ませるようになってしまうわけです。

あなたが現状について文句を言う限り、あなたの心はそこに焦点を合わせてしまいます。そうやって、いつも不満のある現状について話したり、考えたり、書いたりしていると、結局はあなたを今日の状況に導いた思考が増幅されることになります。そしてその結果、あなたはいつも同じ波動を周囲に送っていることになり、

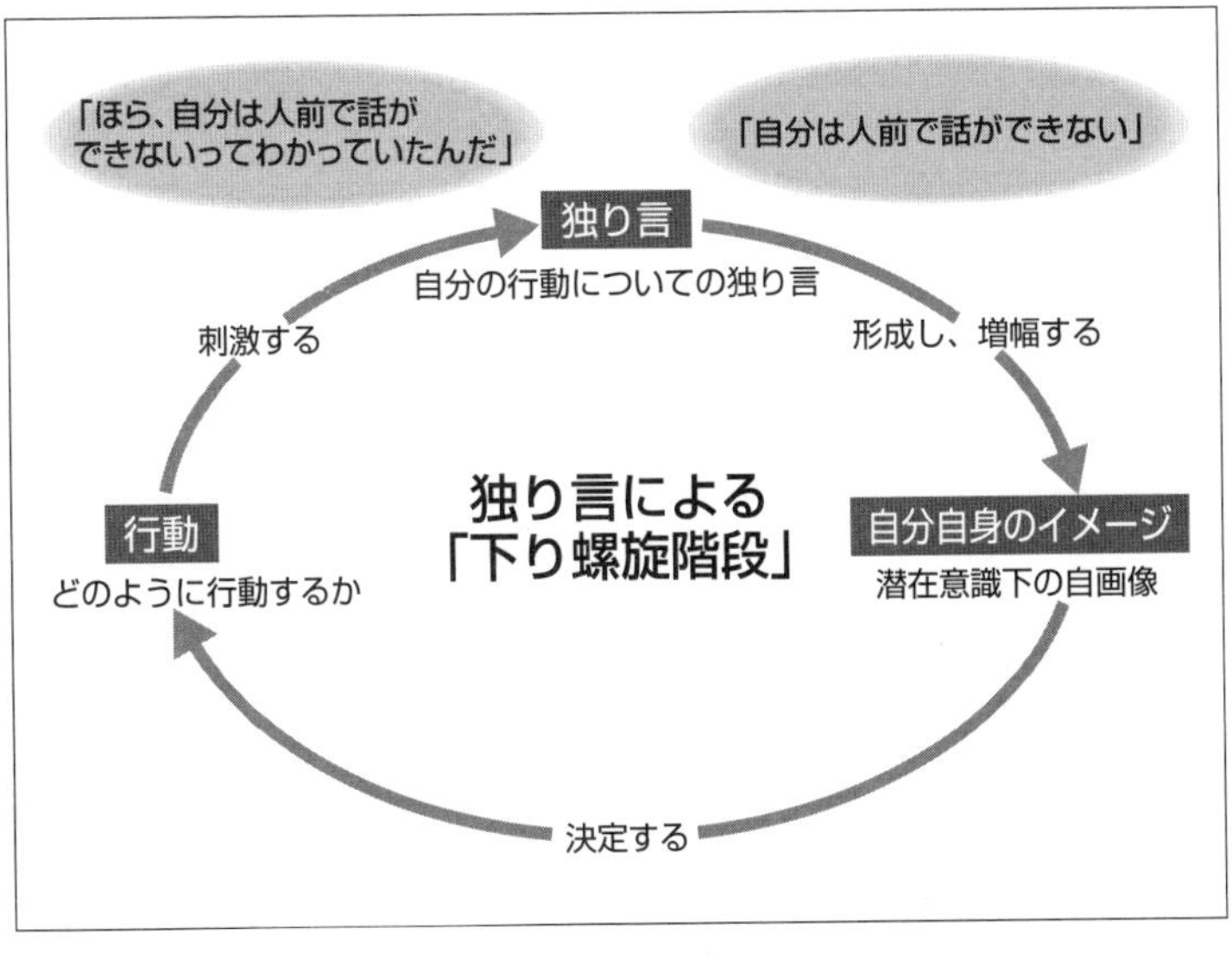

いつも同じような人や同じような状況を引き寄せてしまうのです。

この悪循環を変えるには、自分が創造したいことについて、考え、話し、書かなければいけません。そうやって、あなたの無意識の領域を、あなたが望むステージに関する考えやイメージで満たしてあげるのです。


「私たちがこれから直面する問題は、それを作り出した頭脳と同程度の頭脳では解決できないものだ」

アルバート・アインシュタイン（ノーベル物理学賞受賞者）

「快適領域」があなたを制御する

あなたの「快適領域」は、エアコンのサーモスタットと同じように作動します。部屋の温度がセットされた温度に近づくと、サーモスタットが電気信号を送り、エアコンのスイッチをオンやオフにします。

あなたの内部にも心理的サーモスタットがあって、それがあなたの行動を制御しています。あなたの体内の行動制御装置が不快信号を送って、あなたを「快適領域」内にキープさせようとしているのです。あなたの行動やパフォーマンスがその領域の境界に近づくと、不快な気持ちになる。あなたが今行っていることが自己のイメージから外れたものであれば、あなたの体は心理的緊張と肉体的不快の信号を送信し、あなたはその不快感を避けるために、無意識のうちに自分を

「快適領域」に戻そうとするのです。

ＮＣＲの地区販売マネジャーをしていた私の継父は、部下たちがそれぞれセールスマンとしての自分のイメージを持っていることに気づきました。「月収２０００ドルクラスのセールスマン」とか、「月収３０００ドルクラスのセールスマン」といったイメージです。

そのため、あるセールスマンが「自分は毎月３０００ドルのコミッションを稼ぐセールスマン」というイメージを持っていたとすると、彼はそれだけのコミッションを稼いだ後は、その月の残りはサボりがちになってしまうのです。

反対に、月末になってもまだ１５００ドルのコミッションしか稼いでいないときは、彼は毎日16時間、週末も働き、新たな販売のための提案書も作り、何とか月３０００ドルに到達しようと可能なことは何でもします。

年収3万６０００ドルの自己イメージを持っている人は、どんな環境下にあっても、必ず3万６０００ドルの収入を得ようとします。しかし、それ以上の額に達すると彼らは落ち着かなくなってしまいます。

ある年の大晦日《おおみそか》に、継父が商品のレジスターのセールスに外出して行ったことを覚えています。彼はあと2台のレジスターを売ろうと、夜中の12時過ぎまで外回りをしました。年間の販売目標をクリアすれば、ハワイへのボーナス旅行がもらえることになっていたからです。彼はそれまでの数年間連続でその旅行を獲得しており、その年にもらえなくなることは許せなかったのです。

彼は、無事あと2台を売って、旅行に行くことができました。それができなければ、彼は自分の

「快適領域」から外れたと感じたことでしょう。

あなたの預金残高についても同様のことが言えます。預金口座に2000ドルあれば安心な人がいます。預金残高が月収の8ヶ月分より少ないと、例えば3万2000ドル以下だと不安な人もいます。一方、まったく預金がなく、クレジットカードの債務が2万5000ドルあっても平気な人もいます。預金残高が3万2000ドルないと不安な人に、突然思いがけなく1万6000ドルの医療費の支払いが発生した場合、彼はその後は出費を抑え、残業をし、ガレージセールスもして、なんとか残高を3万2000ドルに戻そうと努力します。反対に、もしも彼が突然多額の遺産を相続した場合には、多分その相続額をさっさと使ってしまい、自分の「快適領域」である3万2000ドルまで戻ってくるでしょう。

私たちが食事をするレストラン、泊まるホテル、運転する車の種類、住む家、着る洋服、過ごす休暇、交際する人たちなどにも、私たちは同様の「快適領域」というものを持っています。例えば、ニューヨークの五番街やビバリーヒルズのロデオドライブにある高級店に入った途端、自分にそぐわないと感じ、違和感を覚えた経験があるでしょう。その店が高級すぎて、場違いな感じがしたのです。その感じは、あなたの「快適領域」が作動したからです。

あなたの「快適領域」を広げてみなさい

1981年に初めてロサンゼルスに移住したとき、私の上司がウェストウッドの非常に高級なメンズショップに洋服を買いに連れて行ってくれました。それまで私がワイシャツに支払った最高額は、35ドルでした。ところが、その店のシャツは最も安いものでも95ドル！　私はたまげて、冷や汗が出ました。その日、上司は多くの品物を買いましたが、私は95ドルのイタリア製のデザイナーシャツを一着買っただけでした。そこは、自分の「快適領域」からあまりにもかけ離れていて、呼吸することさえ困難でした。しかし、翌週そのシャツを着てびっくりしました。自分にぴったり合っており、とても着心地がよく、また自分自身がいつもよりはるかにハンサムに見えたのです。週1回の着用で、わずか2～3週間後にはそのシャツが本当に気に入りました。そして、1ヶ月もたたないうちにもう1枚買い、1年もするとこのクラスのシャツしか着なくなってしまいました。ゆっくりと私の「快適領域」が変化したのです。少々高価でも、いいものに慣れたからです。

聴講者に億万長者になる方法を教える2つの団体「100万ドルフォーラム」と「インカム・ビルダーズ・インターナショナル」で講師をしたことがありますが、そのすべてのセミナーはカリフォルニア州ラグーナビーチのリッツ・カールトンホテルやハワイのヒルトンホテル、その他の最高級のリゾートホテルで開催されていました。理由は、受講者にファーストクラスのもてなしに慣れてもらうためです。そうすることで、彼ら自身のイメージを変え、それぞれの「快適領域」を拡大させたのです。また、すべてのセミナーの最後にはブラックタイ着用の晩餐会《ばんさんかい》が催されました。多くの参加者にとって、ブラックタイのイベントに出席するのは初めてのことでしたが、これも「快適領域」を拡大させるためでした。

ポジティブな独り言の効果

「私はいつも魔法を信じてきた。この町でまだ仕事がなかったころ、私は毎晩、マルホランド通りに座ってハリウッドの市街地を見渡しながら、腕を拡げてこう言った。『みんなが僕と仕事をしたがっている。僕は本当に素晴らしい俳優なんだ。だから、たくさんの素晴らしい役が僕に申し込まれているんだ』。これを何度も何度も繰り返し、2〜3本の映画出演の予定があるものと自分自身に言い聞かせたんだ。すると、そこから車で帰るころにはすっかり世界を取った気になっていた。『あそこに僕のための映画の仕事がたくさんあるんだ。ただ自分は、まだそれを聞いていないだけさ』。それは完璧なポジティブ・シンキングだった」

ジム・キャリー（映画俳優）

あなたの「快適領域」を広げるもう1つの方法は、自分の無意識の心を、新しい考えやイメージで一新することです。それには、例えばお金がいっぱい入っている銀行口座、引き締まって健康的な肉体、わくわくするような仕事、面白い友人たち、思い出に残る休暇など、あなたのすべての目標がすでに現実のものになったかのように思い込むことです。

そのための心理的テクニックは、「アファメーション（自己の願望を肯定する自己説得）」と呼ばれます。アファメーションとは、具体的には「目標がすでに実現された状態で書く文章」のことです。例えば、「マウイ島のカアナパリ海岸にある美しい海に面した私のマンションのベランダから、夕焼けを眺めながら素敵な雰囲気を堪能している」とか「135ポンドという理想的な体重になって、しなやかに生き生きと暮らす毎日を楽しんでいる」といった具合です。

効果的なアファメーションを作る9つのガイドライン

あなたのアファメーションを有効に機能させるには、次の9つのガイドラインに沿って作るといいでしょう。

1．「I am（私は～である）」から始めなさい。

I am（私は～である）という言葉は、（英語の中でも）もっとも力強い（2つの）言葉です。「I am」で始まる文章は無意識のうちに、自分への命令として脳が理解します。つまり、「そうなりなさい」という指示なのです。

2．現在形を使いなさい。

自分の欲しいものは、すでに手中にあり、実現しているかのように表現しなさい。

誤：ポルシェ911カレラの真っ赤な新車を手に入れる。

正：ポルシェ911カレラの真っ赤な新車で乗り回すのが楽しい。

3．肯定形で書きなさい。

欲しいものを主張し、欲しくないものには触れないこと。

アファメーションは肯定形で述べなければいけません。無意識下では「No」という否定語は聞こえません。例えば、「ドアをバタンと閉めるな！」という文章は、「ドアをバタンと閉めろ！」という内容に聞こえてしまう。また、無意識下では、文章ではなくて映像で認識する。そのため、「ドアをバタンと閉めるな！」という言葉は、ドアが激しく閉められる映像を想起させる。だから、「飛行機に乗ることは、もう怖くない」という文章は、飛行機で飛ぶのが怖いというイメージを想起させ、反対に「飛行機で飛ぶスリルが好きだ」という文章は、飛行を楽しむイメージを想起させる。

誤：飛行機に乗ることは、もう怖くない。

正：飛行機で飛ぶスリルが好きだ。

4. 短い文章で書きなさい。

アファメーションは、テレビコマーシャルのキャッチコピーだと思いなさい。1つの言葉に1000ドルもかかると思って選ぶこと。そして、覚えやすいように、短く印象に残るものでなければならない。

5. 具体的な内容を記しなさい。

あいまいなアファメーションは、あいまいな結果を生む。

誤：真っ赤な新車を、私は運転している。

正：真っ赤なポルシェ911カレラの新車を、私は運転している。

6. ing（～している）で終わる行動を表す言葉を入れなさい。

動作を表す動詞は、「今ここで何かをしている」というイメージを想起させ、パワーを与えてくれる。
誤：私は自分自身をオープンに、正直に表現する。
正：私は今、自信を持って、自分自身をオープンに、正直に表現している。
7. ダイナミックな感情や気持ちを表す言葉を、少なくとも1つ入れなさい。
目標をすでに実現しているときに自分が感じる感情の状態を入れなさい。例えば、楽しんでいる、幸せだ、いい気分だ、喜んで、誇りを持って、平穏に、歓喜に満ちて、やる気満々で、確実に、勝ち誇ったように、といった表現である。
誤：私は178ポンドの理想的な体重を維持している。
正：私は178ポンドの体重で、軽快に動け、とても気分がいい。
8. 他人ではなく、自分のためにアファメーションを作りなさい。
自分のアファメーションを作成するときは、他人ではなくて自分の行動について表現しなさい。
誤：ジョニーが彼の部屋を片づけているのを、私は見ている。
正：私はジョニーに彼の部屋を片づけてもらいたかったので、そのことを彼に伝え、見守っている。
9.「または、それより良いもの」という言葉を追加しなさい。
特定の状況（仕事、機会、休暇）や物（家、車）、人間関係（夫、妻、子供）などを手に入れることのアファメーションをする場合、必ず「または、それより良いもの」という言葉を追加しなさい。私たちが欲するものの基準は、我々の限られた情報から作られる場合が多い。しかし、世の中には我々の知らない、もっといいものがあり、それを手に入れられる可能性がある。だから、この言葉を、適切と思われる場合に加えておくと良い。
例：マウイ島のカアナパリ海岸にある美しい海に面した私の別荘、または、それよりもさらに素晴らしい場所で生活していて楽しい。

アファメーションのシンプルな作り方

1. 自分が求めるもののイメージを描きなさい。自分が望むイメージを描く。そして、自分をそのイメージの中に置き、そこにいるあなたの目を通して物事を見なさい。もしも車が欲しいなら、欲しい車に乗って運転しながら、車の中から外の世界を見るのである。
2. 自分が求めることを実現したときに聞こえる音を聞くようにする。
3. 自分が欲しいものを手にしたときの感情を感じるようにする。
4. あなたが経験したいと思っていることを、それが実現したときのあなたの気持ちも含めて、短い文章で表現する。
5. 必要なら、前記のすべてのガイドラインが含まれるよう、あなたのアファメーションを編集する。

アファメーションとヴィジュアリゼーションを使う方法

1. あなたが作ったアファメーションを毎日1～3回読み返す。最適な時間は、朝起きたとき、昼間思い起こしたとき、そして寝る前である。
2. できれば、アファメーションをひとつひとつ音読する。
3. 目を閉じ、アファメーションが描いた通りの自分をヴィジュアリゼーション（心理学用語。映像化・視覚化）してみる。まるで自分の内側から外の光景を眺めているかのように、見てみる。景色の中に自分が立っているのを見るのではない。自分が実際にその場で生活して、その周りの景色を見るのだ。
4. あなたのアファメーションが描いたことが実現されたときに聞こえるであろう音を聞こう。例えば、海辺に家を建てたなら波の音だし、人気歌手になるならファンの歓声。また、あなたにとって大切な人たちがあなたを祝福し、あなたの成功を喜んでくれる声も聞こう。
5. 成功を達成したときに得るであろう気持ちを感じてみる。その気持ちが強いほど、成功への道は強力なものとなる。
6. あなたのアファメーションをもう一度繰り返して声にしてみる。そして、次のアファメーションでも同じことを繰り返してみる。

アファメーションの有効な活用法

1. 7×13センチのカードにあなたのアファメーションを書いて、家中に貼り付ける。
2. 自分が望むものの画像を部屋にかける。その画像の中にあなた自身の写真を組み入れるのもいい。
3. 通勤時や渋滞中の運転時など、ヒマなときにあなたのアファメーションを繰り返す。声を出しても、出さなくてもいい。
4. 自分のアファメーションを録音して、仕事中、運転中、就寝時などに聞く。エンドレス・テープ、MP3プレーヤーなどを使用するのもいい。
5. あなたのアファメーションを一人称（私は～）、二人称（あなたは～）、三人称（彼は～）で繰り返す。
6. あなたのアファメーションをコンピュータのスクリーンセーバーなどにして、コンピュータを使うたびに目に入るようにする。

アファメーションはこんなに効果的

W・クレメント・ストーン氏から「ずっと将来の目標で、自分でも驚くくらい大きな目標を作れ」とアドバイスされたとき、私はアファメーションの効果についても学んでいました。ただしその時点では、ストーン氏のアドバイスはメリットがあるとは思いましたが、自分の人生に当てはめるまではいきませんでした。

　ところが、それから数年後、自分は2万5000ドルの年収を10万ドルか、それ以上にしようと決心したとき、私が最初にしたのが、フローレンス・スコヴェル・シン氏から学んだアファメーションを作ることでした。それは以下のような内容でした。

「神は私の無限のスポンサーだ。最高の善を行えば、神のご加護により多額のお金が私のもとにすぐに、簡単に来ることになる。私は、楽しく、簡単に、年間10万ドルを稼ぎ、貯金し、投資をしている」

　そして、私は10万ドル紙幣の大きなコピーを作り、それをベッドの上の天井に貼りました。起床してはそのお札を見て、目を閉じ、このアファメーションを繰り返し、もしも自分が年収10万ドルの生活になったら、どんなことをエンジョイしているだろうかと、ヴィジュアリゼーションをしてみました。自分が住む家、所有している調度品や芸術品、運転する車、楽しく過ごす休暇などを映像化して思い描きました。そして、そのライフスタイルを手に入れたときに実感する気持ちも想像してみたのです。

　それからしばらくしたある日、私は10万ドルのアイデアがひらめき、飛び起きました。私が以前に出版した『100 Ways to Enhance Self-Concept in the Classroom』という本を40万部売れば、一部につき25セント印税が入るので、10万ドルの収入になることに気がついたのです。そこで、自分の本が書店の棚から羽が生えて飛ぶように売れ、出版社が10万ドルの小切手を切っているイメージをヴィジュアリゼーションに加えたのです。すると、それからすぐに、フリーランスの記者が私にインタビューを申し込んできて、『ナショナル・インクワイア』誌に書評を書いてくれたのでした。その結果、その月のうちに私の本には何千部もの追加注文がありました。

それからはほとんど毎日、お金が儲かるアイデアが次々と心の中に湧《わ》いてきたのです。例えば、新聞に小さな広告を出し、直接自分が自分の本を販売することで1冊25セントではなく、3ドルの収入になりました。他の自己啓発本も何冊か含めたメールオーダーのカタログ販売を始め、1人の購読者から多くの注文をもらいました。すると、マサチューセッツ州立大学がそのカタログを見て、週末の講習会で書籍販売をするように招待してくれたのです。そこで私は、2日間で2000ドルを売り上げ、1年間で10万ドル売り上げるための戦略を習得しました。

それと同時に、私は自分の講座とセミナーからもっと多くの収入を得るアイデアを思い付きました。そこで、同じような仕事をしている友人に講演料を上げさせる方法を尋ねると、彼はすでに私の倍以上の講演料をもらっていたのです。私は彼の勧めに従ってすぐに講演料を3倍に増額要求したのですが、私を講師に招いてくれた学校は、初めからそれ以上の予算を組んでいました。

こうして私のアファメーションは良い結果を次々ともたらしました。私の収入は2万5000ドルから9万2000ドルに跳ね上がりました。目標の10万ドルには8000ドル足りませんでしたが、そのことで気落ちはしませんでした。アイデアがひらめいたときに行動を起こす意志と、アファメーションとヴィジュアリゼーションの力を使うことで、わずか1年足らずで収入を4倍にすることができたからです。

ところが、９万２０００ドルを稼いだ後で、妻が私に尋ねたのです。

「アファメーションが10万ドル稼ぐのに効果的だとしたら、１００万ドル稼ぐのにも効果的じゃないかしら？」

もちろん私はアファメーションとヴィジュアリゼーションを使ってその目標も達成し、その後も毎年１００万ドル以上の年収を稼ぎ続けています。

法則11

ヴィジュアリゼーション

「想像力こそすべてだ。それは人生において、次々と新たな歓びをもたらしてくれるからだ」

アルバート・アインシュタイン（ノーベル物理学賞受賞者）

ヴィジュアリゼーション——心の中に感動的で鮮やかな画像を想像する行為——は、あなたが有している成功のためのツールの中で最も使われていないものかもしれません。しかし、それは次の3つの点でパワフルな方策であり、成功の実現を急加速してくれるものです。

1．ヴィジュアリゼーションは、あなたの潜在意識の中に眠る創造力を刺激する。

2．ヴィジュアリゼーションはRAS（心理学用語。脳を活性化させるシステム、脳に取り込む情報の取捨選択を行う）をプログラミングして、その目標に脳を集中させる。その結果、もともと存在していたのに、それまで認識していなかった様々な利用価値のある資源に気がつくようになる。

3．ヴィジュアリゼーションは、あなたの目標達成に必要な人々、資源、機会などをあなたに引き寄せる。

脳科学の研究によれば、現実にある動作をしたときと、その動作をしていると頭が思い描いたとき（つまり、ヴィジュアリゼーションしたとき）と、脳は同じ思索をするそうです。つまり、脳はヴィジュアリゼーションした場合と、実際にそれを行った場合の違いが識別できないのです。

行動力を高めるヴィジュアリゼーションの使い方

そこで、自分の目標がすでに達成されたものとして、ヴィジュアリゼーションを毎日行うと、その頭で映像化したものと現実との間の矛盾が、あなたの潜在意識を刺激するようになります。そして、潜在意識はあなたの現実を、あなたが描いたヴィジョンのように変えることによって、その矛盾を解消しようとするのです。それは次の3つの方法によってです。

1. あなたの脳のRASをプログラミングして、あなたが目標を実現するのに役立つすべてのことに気づかせる。
2. あなたが希望する結果を得るための解決法を創造すべく、あなたの潜在意識を活性化する。その結果、朝、起床するときにいいアイデアが浮かぶ。あるいは、シャワーを浴びたり、散歩をしたり、職場に車で通勤するときに、いいアイデアがひらめくようになる。
3. 新たな段階の高いモチベーションをあなたにもたらす。その結果、あなたは目標に近づくことに不意に着手する。職場で新しい任務を自ら進んで引き受けたり、社内会議で積極発言したり、自分が欲しいものをよりはっきりと要求したり、自分が欲しいもののために貯金をしたり、私生活の中でも積極的にリスクを取るようになる。

まず、最初の方法で挙げたRASがどのように作動するか、詳しく見てみましょう。
あなたの脳には、常時800万バイトの情報が流れ込んでいます。もちろん、そのほとんどは気に留めていられないし、その必要もありません。でも、あなたの脳のRASは、その中にある「あなたに危険を知らせる」情報や、「人生でもっとも大切にしていること」に関する情報などは、きちんとあなたの意識に送り込み、その他の要らない情報は取り除いてくれるのです。

そこで、どうすれば、あなたのRASはあなたの目標達成に役立つ情報をキャッチするようになるのでしょうか。それは、あなたが目標をきちんと設定し、それに対してアファメーションし、常にヴィジュアリゼーションを行うことで、RASはその目標の実現に役立つ情報なら何でも意識の中に取り入れてくれるようになるのです。

RASは力強い道具ですが、あなたが描いたイメージをその通りに実現させる情報だけを察知します。そして、あなたの創造的な潜在意識は、言葉で思索するのではなく、画像で思い描きます。ですから、あなたの脳に色彩豊かで鮮やかな、説得力のある画像を与えると、その画像を実現するのに必要なすべての情報をRASは探して、捉《とら》えてくれるのです。例えば、あなたが脳に1万ドル獲得というテーマを課した場合には、1万ドル獲得の解決策を持ち込んできます。100万ドルのテーマを課すと、100万ドルの解決策を持ち込んでくるのです。

もしもあなたが美しい家、愛らしい妻、わくわくするような仕事、エキゾチックな休暇などを脳に描けば、脳はそれらのことを実現させようと作動します。反対にいつもネガティブで、恐怖におびえ、心配げな画像を送ってばかりいると、結果は明らかです。脳はその方向に実現しようとするのです。

あなたの将来をヴィジュアリゼーションしなさい

成功をヴィジュアリゼーションするプロセスは非常に単純です。目を閉じて、あなたの目標がすでに実現されたと夢想するだけでいいのです。

もしも目標の1つが、湖畔にきれいな家を持つことだったら、目を閉じて、自分が所有したいと思う家の中を実際に歩いているあなた自身を夢想すればいいのです。ただし、細部まで明確に思い浮かべること。外側はどんな感じか？　庭はどんな風か？　窓からの眺めはどうか？　居間、キッチン、主寝室、食堂、家族の部屋、地下室などはどんな内装か？　どんな家具が置いてあるか？　部屋ごとの詳細を決めていかなければなりません。

イメージはできるだけ鮮明に。仕事、趣味、家族、自分の経済状態、人間関係など、どんな目標でも同じです。目標をひとつひとつ描き出し、繰り返し思い描き、アファメーションし、毎日ヴィジュアリゼーションするのです。

そして毎朝起床したとき、毎夜就寝する前に、目標を音読し、ひとつ読むごとに目を閉じて、心の中に実現した目標を視覚的に想像してみる。目標リストのすべてにおいて、それぞれが完璧に実現したものとしてヴィジュアリゼーションします。目標の数にもよりますが、全行程は10〜15分ですむでしょう。瞑想《めいそう》の習慣がある人は、瞑想の直後にヴィジュアリゼーションをします。瞑想で到達した深く沈静化した心の状態が、ヴィジュアリゼーションのインパクトをより高めてくれるはずです。

ヴィジュアリゼーションに音と感情、そして感動を加えなさい

ヴィジュアリゼーションの効果をもっともっと増幅させるには、音・匂い・味・感情などを視覚化した画像に付加しましょう。目標を実現したとき、あなたはどんな音を聴き、どんな匂いをかいで、どんな味覚を味わって、（そしてもっとも重要なことですが）どんな感情と肉体的感覚を得るのでしょうか。

もしも海岸に建つ夢の家を想像するなら、近くの海岸に打ち寄せる波の音、子供たちが砂浜で遊ぶ声、あなたに感謝する妻の言葉なども付け加えましょう。それから、その家を所有することの誇り、目標を達成した満足感、ベランダに座って、海に沈む美しい夕焼けを見ているあなたの顔に当たる太陽の感触などを加えてみるといいでしょう。

さらに感動があなたのヴィジョンを実現に向けて、より前進させる力になります。夢想したイメージが強烈な感動と一緒になると、その記憶は永久に残るからです。

１９６３年にジョン・Ｆ・ケネディ大統領が暗殺されたとき、あるいは２００１年9月11日に

ニューヨークのワールド・トレード・センターが崩壊したとき、あなたはどこにいたか正確に覚えていることでしょう。あなたの脳は、そのときのことを細部まで覚えているはずです。それはあなたの脳が、切迫した事態に対処しようと必要な情報を敏感に感知しただけでなく、切実な感情を伴って映像そのものを脳の中に残したからです。あなた自身のヴィジュアリゼーションも、感動的な音楽、実生活の匂い、深い感情、あるいは目標を大げさに強調し、大声で叫ぶといったことを付け加えることによって、世紀の大事件と同様に強烈な感動を引き起こすことができます。そして、より強い感情、感動、エネルギーなどを喚起すればするほど、ヴィジュアリゼーションの力はより強烈になるのです。

ヴィジュアリゼーションがもたらした金メダル

オリンピックの体操競技の金メダリスト、ピーター・ヴィドマーは、金メダル獲得のためにヴィジュアリゼーションをどう利用したかを次のように語っています。

僕たちはオリンピックの目標に集中するために、練習の最後に、自分たちの夢をヴィジュアリゼーションした。僕たちはオリンピックで実際に行う演技を、究極のシナリオと思える場面の中で演じることにより、夢の実現を体験していたのだ。

練習の最後に、僕はこう言った。

「ＯＫ、ティム。じゃこれから、オリンピックの男子体操の団体決勝の場面を想像してみよう。アメリカチームはその夜の最後の種目で、それは鉄棒だ。アメリカチームの最後の演技者はティム・ダゲットとピーター・ヴィドマー。わがチームは、現在の世界チャンピオンである中国と競り合っている。団体の金メダルを獲得するには、規定を完璧に演技しなければならない」

最初、僕たちはこんなふうに考えた。

「あーあ。あいつらと互角に勝負するなんて、無理な話だ。ブダペストでの世界選手権で奴らは優勝して、俺たちはメダルにさえ手が届かなかった。駄目に決まっているさ」

でも、もし金メダルを競う事態になったらどうなんだろう？　果たして、どんな気分になるのだろう？　僕たちは目を閉じた。そして、1日の練習の終わりにガランとした体育館の中で、「1万3000人の観衆で埋め尽くされたオリンピック・スタジアムと、2億人が生放送で見ていること」をヴィジュアリゼーションした。そして、演技に移ることにした。まず、僕がアナウンサー役になった。僕は、口の前に手を丸めて、こうアナウンスする。

「次の競技者は、アメリカ合衆国のティム・ダゲットです」

それからティムはまるで本番のように、演技をやってのけるのだ。

次に、ティムが体育館の隅に行って、口の前に手を丸めてアナウンサーの口調で言う。

「次の競技者は、アメリカ合衆国のピーター・ヴィドマーです」

僕の番だ。心の中でつぶやく。自分たちのチームが金メダルを獲得するためには、ここで完璧な演技をするしかない。しかも、チャンスは一度だ。失敗すれば負けだ。

ティムが声を発する。

「演技開始のシグナルです」

僕は主審を見る。主審は僕たちのコーチのマコの役だ。僕が手を挙げると、彼も右手を挙げた。そして、僕は鉄棒に向かい、手をかけて、演技を始めた。

1984年7月31日に面白いことが起こった。

それはオリンピック大会で、UCLA（カリフォルニア大学ロサンゼルス校）のポーリー講堂での男子体操団体の決勝だった。1万3000人収容の会場は満席になり、世界中で2億人以上がテレビに見入っていた。アメリカチームはその日の最終種目の鉄棒を始めるところだった。

アメリカの最後の2人は、ティム・ダゲットとピーター・ヴィドマーだった。そして、僕たちがヴィジュアリゼーションをしていたように、わがチームは中国チームと競り合っていた。金メダルを獲得するには、鉄棒の演技を完璧にしなければならなかった。

僕はコーチのマコを見た。僕の12年来のコーチだ。彼は、集中した口調でただこう言った。

「OK、ピーター、レッツゴー！　すべきことはわかっているな。君はこれまで何千回もやってきた通りに、体育館で毎日練習してきた通りにやるんだ。もう一度、やるだけだ。そして家に帰ろう。君は、準備ができている！」

彼は正しかった。僕はこの瞬間のためにプランを立て、何百回もヴィジュアリゼーションしてきた。その演技をする準備はできていた。現実には1万3000人の観衆がいるオリンピック競技場で、2億人がテレビで観戦している真っ只中《ただなか》に自分がいる。しかし、そのことは考えず、U

ＣＬＡの体育館で１日の練習の終わりに、たった２人でいるかのように想像した。「アメリカ合衆国のピーター・ヴィドマー！」とアナウンサーが告げたとき、それは相棒のティム・ダゲットの声であると想像した。青ランプが点灯して演技開始時間を告げたとき、本当は青ランプではなくて、いつものようにティムが「演技開始のシグナルです」と言ったものと想像した。僕は、東ドイツの主審に向かって手を挙げた。毎日何百回かの練習の後で、コーチに向かって合図を送ったように……。だから、僕は心の中で彼に合図を送った。いつもの体育館の練習では、自分はオリンピックの決勝にいるようにヴィジュアリゼーションをしていた。しかし、本番のオリンピックの決勝では、反対にいつもの体育館にいるようにヴィジュアリゼーションしたのである。

僕は振り向いて、鉄棒に向かい、ジャンプしてつかんだ。そして、体育館で連日ヴィジュアリゼーションをしながら練習した、その通りの演技を開始した。記憶をたどって、以前に何百回も練習したことをそこでもう一度反復した。僕はリスクの大きな離れ技をやってのけた。世界選手権では、それで失敗していたのだが……。あとの演技もスムーズに終え、着地もぴたっと決まった。そして、審判のスコアを心待ちにした。

結果発表の低い声がスピーカーから聞こえてきた。

「ピーター・ヴィドマーの得点は、９・９５」

「イエス！」僕は叫んだ。「やった〜！」、チームメートと僕は勝利を祝し、観客も大声で祝福してくれた。

30分後、2億人以上がテレビで見守る中、1万3000人の観衆に埋め尽くされたオリンピック競技場の表彰台に僕たちは立ち、首に金メダルをかけられた。そして、国歌が演奏され、アメリカ国旗が場内に一段高く掲揚された。そのなかで、ティムと僕とチームメートたちは金メダルをかけて、誇り高く立っていた。しかし、それはいつもの体育館でそれまで何百回となくヴィジュアリゼーションし、練習してきたシーンだった。

違ったのは、今回はそれが現実であるということだった。

ヴィジュアリゼーションがうまくできないとき

ヴィジュアリゼーションをしようにも、イメージをうまく描けないかもしれません。しかし、それはそれでまったく問題ありません。とにかく、自分の目標が実現したというヴィジュアリゼーションの練習を毎日2度ずつやってみることです。そうすれば、イメージが鮮明に見えるという人たちと同じような効果が得られるでしょう。

自分の目標をヴィジュアリゼーションするのが困難ならば、絵、イメージ、シンボルなどを利用して、あなたの意識と潜在意識の両方が目標に焦点を合わせるようにしましょう。

例えば、あなたの目標のひとつがトヨタのレクサスLS—430を所有することなら、近くのレクサスの販売店に行って運転席に座ったところを、販売員に頼んで、写真に撮ってもらうのです。あなたの目標がパリに行くことだったら、エッフェル塔のポスターを探して、その塔の下に自分の小さな写真を貼り付け、まるでパリで撮ったかのような合成写真を作ります。私は、何年も前にシドニーのオペラハウスの写真で同じことをしました。すると、それから1年以内に、私は実際にシドニーに行き、オペラハウスの前に立つことができました。あなたの目標が億万長者になることだったら、自分宛の100万ドルの小切手を書くか、または100万ドルの残高が記入されている預金通帳や100万ドルの株式残高証明書を作るのです。

マーク・ヴィクター・ハンセンと私は、『こころのチキンスープ』の初版がベストセラーリストの第1位に載っているニューヨークタイムズ紙の複製を作りました。すると15ヶ月後にその夢は現実となったのです。4年後、私たちはニューヨークタイムズ紙のベストセラーリストに、同時に7冊が載り、ギネスの世界記録となりました。

目標実現のイメージ画像ができたならば、それらをバインダーに、1ページに1つずつ貼り付けて、毎日見直すことです。または、「ヴィジョン・ボード（夢の掲示板）」や「宝島の地図」といったタイトルの用紙を作ってもいいでしょう。そして、そうしたイメージのすべてを、掲示板や壁または冷蔵庫のドアなど、毎日目にする場所に貼っておくのです。

「ヴィジョン・ボード」や「ゴール・ブック」で夢を実現しなさい

１９９５年、ジョン・アサラフはヴィジョン・ボード（夢の掲示板）を作り、書斎の壁にかけていました。欲しいものや行きたい旅行などが生まれるたびに、その写真を入手してボードに貼り付けたのです。そして、自分の希望するものを得てエンジョイする自分の姿を心に描きました。

２０００年5月に、彼は南カリフォルニアに家を買って引っ越しました。それから2～3週間後、朝の7時30分ごろ、彼が書斎の椅子に座っていると、5歳の息子キーナンが入ってきて、ある箱の上に座りました。その箱は過去4年間、納戸にしまってあったものでした。キーナンは中身を尋ねました。「ヴィジョン・ボードが入っている」と、ジョンが答えると、キーナンが聞き返しました。「ヴィジョンの何？」

そこで、ジョンは箱のひとつを開けてヴィジョン・ボードを見せることにしました。ジョンは取り出した最初のボードを見て、微笑みました。そこにはメルセデスのスポーツカー、時計、その他の写真が貼ってあり、それらはすべてすでに手に入れていたからです。

そして、2つ目のボードを取り出したとき、彼は涙を流し始めました。そのボードには彼が購入したばかりの自宅の写真が貼ってあったのです。「似たような家」ではなく、彼の家そのものの写真です。6エーカー（約7300坪）の景色の素晴らしい土地に、建坪7000平方フィート（約200坪）の家が建っていて、3000平方フィート（約86坪）のゲストハウスとオフィス棟があり、庭にはテニスコートと320本のオレンジの木が植えてある。この家は、4年前に雑誌『ドリーム・ホームズ』から切り抜いた写真の家そのものだったのです。

子供たちや家庭生活、母親たちのストレスに関するジョークで人気の、「マミーズ」というニックネームで知られるカリル・クリステンセンとマリリン・ケンツは、夢を実現してくれる〝目標画像〟を作ることのパワーを知っています。

彼女たちは、かつてカリフォルニア州ペタルーマという町の隣人同士で、一緒に仕事をしていました。その後、タレントになって自分たちの番組を作ろうと決めたとき、彼女たちは「ゴール・ブック」(目標を書いた本)を作って、実現したいことのリストをすべて書き込み、絵も描き加えたのです。すると、そのゴール・ブックに書いたことは例外なく、すべて実現できました。

カリルとマリリンはともにイラストレーターだったので、自分たちの目標を絵にすることはとても容易なことでした。でも、あなたが「ゴール・ブック」を作るときに、絵の才能の有無は関係ありません。

また、彼女たちは目標を現在形で説明し、そこに感情を表す文章を付け加えました。「満足で、感謝しています」「リラックスして、嬉《うれ》しいわ」「この素晴らしい家で生活するのは、実に楽しいことだわ」などと書き、最後は必ず次の言葉で結びました。

「これか、またはもっと素晴らしいことが現れて、みんなが幸せになる」

そして、実際に「これか、またはもっと素晴らしいこと」が次々と起こったのでした。

今すぐに始めなさい

毎日時間を作って、あなたの目標のひとつひとつが実現された将来をヴィジュアリゼーションしてみてください。それはあなたが夢を実現するためにできる、もっとも重要なことのひとつです。「1時間のヴィジュアリゼーションは、7時間の肉体的努力に値する」と主張する心理学者もいるほどです。大げさかもしれませんが、重要なことです。あなたの成功のための道具箱の中で、ヴィジュアリゼーションはもっとも強力な道具のひとつなのです

将来の成功について1時間もヴィジュアリゼーションする必要はありません。ほんの10〜15分で十分です。カナダの偉大な講演者であるアジム・ジャマール氏は、〝パワーの1時間〟ということを勧めています。それは20分のヴィジュアリゼーションと瞑想、20分の運動、そして感動と情報を与えてくれる本を20分読むことです。これをあなたが毎日実行したら、あなたの生活に何が起きるか想像してみてください。

法則 12 成功者のように振る舞いなさい

「絶対に失敗するはずがないと信じ、行動しなさい！」

チャールズ・F・ケタリング（140の特許を取得した発明家で、30校もの大学から博士号を贈られた）

成功のための最も重要な戦略の一つは、あなたがなりたいと望む自分にすでになっているかのように行動すること。つまり、あなたが目標をすでに実現したかのように考え、話し、服装をし、振る舞い、感じることです。そうやってあたかもそれらしく行動することにより、あなたの潜在意識に対し、目標達成につながる創造的な方法を探すよう強力な命令が送られるのです。そして、それがあなたの脳のRAS（脳を活性化させるシステム）に作用して、成功に役立つすべてのことを意識できるようになります。同時に、あなたが本当に欲している、という強いメッセージを周囲に発信することにもなります。

あたかもそれらしく振る舞おう

私が初めてこの現象に気がついたのは、取引銀行に行ったときのことでした。そこには数人の行員が勤務していましたが、そのなかの一人が必ずネクタイとスーツをきちんと着ていました。他の二人の男性行員はワイシャツとネクタイだけでしたが、その若者だけはあたかもエグゼクティブのような服装をしていたのです。

1年後、彼は昇進して机を1つあてがわれ、ローンの受付担当になりました。2年後、彼はローン担当の責任者になり、やがて支店長になりました。

ある日、私は彼に服装について尋ねると、彼はこう答えました。

「自分はいずれ支店長になることをずっと前から確信していましたので、支店長というのはどういう服装をするのが良いか勉強し、そのようにしました。また、支店長は行員やお客さまとどのように接するのかも勉強し、そのように接してきました」

彼は支店長になるずっと前から、あたかも支店長であるかのように行動していたのです。

振る舞うことが成功を呼び寄せる

1970年代後半、私はあるセミナー講師に会いました。彼は仕事でオーストラリアに行ってきたということでした。それで、私も世界中を回って講演する立場になろうと決心しました。それから国際的なコンサルタントになるには、まず何をすべきかを自問しました。それで、最初にパスポートを申請。世界時計を買い、「国際コンサルタント」という肩書の名刺を注文しました。次に、最初に行きたい国をオーストラリアと決め、旅行代理店に行ってシドニーのオペラハウス、エアーズ・ロック、「カンガルー横断注意」の道路標識などが映った大きなポスターをもらってきました。

毎朝、朝食を食べながら、冷蔵庫の上に貼ったそのポスターを見ては、自分は今オーストラリアにいると想像しました。

すると、1年も経たないうちに、私はシドニーとブリスベーンにセミナー講師として招待されたのです。あたかも国際コンサルタントのように行動すると、世間が私にそのように反応したのです。強力な〝引力の法則〟が働いたのでした。

〝引力の法則〟とは、つまり確信は現実を呼ぶということ。すでに目標を手に入れたという、心理的・感情的なヴァイブレーションをより多く発すれば、それだけ早く、実際に目標を引き付けるのです。これは宇宙の不変の法則で、あなたの成功の確率を上昇させる上で最も重要なことです。

それらしく演じてつかんだ栄光

フレッド・カプルズとジム・ナンツはもともとゴルフ好きの子供で、ともに大きな夢を抱いていました。フレッドの目標は、マスターズトーナメントに優勝すること。一方のジムの夢は、いつかCBSのスポーツ番組の司会をすることでした。1970年代後半にフレッドとジムがヒューストン大学でルームメートだったとき、彼ら二人はマスターズの優勝者がグリーンジャケットを着てバトラー・キャビン（クラブハウス内の部屋）に行き、そこでCBSのアナウンサーからインタビューされるシーンをよく真似しました。彼らはヒューストン大学のトーブ・ホールでそのシーンを何度も何度もリハーサルしたのです。

14年後、そのシーンは現実となり、全世界が見つめることになりました。フレッド・カプルズはマスターズに優勝し、大会役員の先導でバトラー・キャビンに向かい、そこでCBSのスポーツアナウンサーになっていたジム・ナンツにインタビューされたのです。放送が終わったあと、彼らは涙を流しながら抱き合いました。フレッドが勝つのはマスターズで、それをCBSで放送するのがジムということは、彼らはずっと以前からわかっていたのです。揺るぎない確信で、あたかもそれらしく演じることによる驚くべき力のお陰でした。

億万長者のカクテルパーティ

私のセミナーでは「億万長者のカクテルパーティ」と称する講習をよく開催します。全員が、あたかも本物のセレブによるカクテルパーティの出席者のように語り合うのです。そこでは、全員が経済的目標を達成した人のように振る舞わなければなりません。夢の自宅、別荘、車、仕事など、欲しいものはすべて獲得した人のように振る舞う。さらに個人的に求めていたこと、仕事上の目標、あるいは慈善活動などの目標もすべて実現したかのように振る舞うのです。

すると、参加した誰もが生き生きと、快活で、気力充実し、積極的になります。それまでシャイに見えた人たちも、自ら前に出て自己紹介するようになり、部屋全体にエネルギーと音量が次第に高まるのです。彼らは、自分の業績についてお互い熱く語り合い、ハワイやバハマの別荘に招待し合い、最近行って来たアフリカの発展途上国での慈善活動などについて語り合います。

しばらくしてこの講習を中断し、彼らの気持ちを尋ねてみます。すると彼らは皆、興奮し、やる気が起きて、積極的で、協力的で、寛大で、幸せで、自信に溢れ、充実した気持ちだと言います。

そこで彼らに「現実には、それぞれが置かれる状況が変わったわけではない。だが、感情的・生理学的な内面は変化した。この事実に注目するように」と指導します。実生活で億万長者になったわけではありませんが、あたかもそうであるように振る舞うだけで、億万長者のように感じてしまうのです。

あなたの人生を変えるパーティ

1986年に私はダイアナ・フォン・ウェラネッツ・ウェントワース女史とインサイド・エッジ社が主催したパーティに出席しました。それは出席者全員のその後の人生に深い影響を与えるものでした。「1991年のあなたになったつもりで出席するパーティ」と題するパーティで、カリフォルニア州ロングビーチに係留されたクイーン・メアリー号の船上で開催されました。

まず、出席者は5年後の1991年に自分がなっていたい姿を想像するようにと言われます。

私たちはそれぞれ自分の理想像を作ったうえで、さらに想像力をふくらませ、そのときの鮮明なヴィジョンを描きます。そして、パーティでは、あたかもそれが１９９１年で、自分たちのヴィジョンがすでに現実のものになっているかのように振る舞うのです。私たちは将来の自分の姿に変装して、そのような話ぶりで、自分が出版した著書や受賞した賞、受け取った高額の小切手などの小道具を持ち寄りました。

船に到着すると、まず20名ほどの男女が私たちを出迎えてくれました。彼らは熱烈なファンやカメラマンの役を演ずるために雇われていた人たちでした。カメラのフラッシュが焚《た》かれ、ファンが私たちの名前を叫び、サインをねだるのです。そして、その晩は、自分たちの業績を語り、他の参加者たちの成功を祝福し、自分たちがいかに幸せで、充実しているかを語り合い、そして次に何をするかを話し合いました。一晩中、すっかりその人物になり切ったのです。

私はベストセラー作家で、ニューヨークタイムズ紙のベストセラーランクで1位になった書評のコピーを人々に見せました。一人の男性が億万長者として来場しましたが、その姿は浜辺をうろつく若者のようでした。でも、その姿こそ彼が退職後になりたいことだったのです。また、ある女性は、彼女の顔写真が表紙になった偽の『タイム』誌を持ってきました。平和運動に貢献し、国際的な賞を受賞したということでした。

退職して余生を彫刻家として過ごしたいと思っていた男性は、彫刻家が着ける革製のエプロンをして、ハンマーと彫刻刀を持ち、安全ゴーグルをかけ、自分が作った彫刻の写真を持って現れました。株の投資家として成功したいと思っていた男性は、一晩中携帯電話で忙しそうに通話し、注文を入れていました。「5000株買い!」とか「1万株売り!」といった具合に……。彼は人を雇って、パーティの間ずっと、15分ごとに電話をかけさせ、あたかもそれらしい芝居を演じていたのです。

一人の映画プロデューサーがタキシードを着て、到着しました。彼はロシア人と共同制作した映画が賞を取ったという想定でした。彼の奥さんは、作家活動を始めたところで、出来上がったばかりの三冊の本(偽物)を持って来ました。お互いの夢を応援しようということで、皆は彼女が出演したテレビ番組を何度も見たと言いました。また、他の人は、彼女の本がベストセラー入りし、ピュリツァー賞を受賞したことを祝いました。実は、彼女は今や著名な作家のスーザン・ジェファーズで、この変身パーティの後、17冊の本を出版し、大成功を収めました。その中には世界的にもヒットした『とにかく、やってみよう!』が含まれます。

そういった調子で一晩が過ぎました。

もちろん、この参加者と同様のことが私にも起きました。私はこの後で80冊以上の本を執筆、監修し、そのうち11冊がニューヨークタイムズ紙のベストセラーリストの1位になったのです。パーティで私たちは4時間以上も将来の自分像を演じ続けましたが、その間に自分のあこがれの生活を実現したという強烈なイメージが潜在意識を一挙に満たしました。そして、その晩に醸成されたポジティブな感情によって奮い立たされた、生き生きとした経験が、我々の脳の中のポジティブな神経回路を増幅させたのです。それは、成功者であるという自分自身の新しいイメージを構築、あるいは深めることになりました。

ここで重要なことは、この手法が有効だということです。そのパーティに出席した全員が、その晩に演じた夢、あるいはそれ以上のことを実現しています。「将来の自分に変装して参加するパーティ」が醸し出すクリエイティブなエネルギー、意識、心の支えをとにかく経験してみてください。

法則 13 とにかく行動しよう

「待っている人たちにも何かが起こるかもしれないが、それは頑張った人たちの残り物だけである」

エイブラハム・リンカーン（第16代アメリカ合衆国大統領）

「私たちが考えたり、知っていたり、信じたりすることは、最終的にはそれほど重要ではない。唯一重要なのは、何を実行するかである」

ジョン・ラスキン（イギリスの作家、美術評論家、社会コメンテーター）

どんな情報や知識も持っているだけではお金になりません。それを実際に何かに使うことで、初めてお金が入ってくるのです。成功に関して語り継がれる格言があります。

「この世は、行動に対して報酬を与える」

この法則は実に単純、かつ真実であるにもかかわらず、驚くべきことに、実に多くの人が分析や計画、組織作りの段階で行き詰まってしまいます。

本当に必要なのは、行動を起こすこと。

あなたが行動を起こせば、あなたを成功に導くすべての物事が必ず動き出します。行動すれば、まずあなたが真剣にやる気になっていることを周囲に知らしめることになります。彼らがそれに気づけば、あなたに注目します。そして、その中の同様の目標を持った人があなたに協力や助言を申し出るようになります。

また、あなたはその実践を通して、経験からいろいろなことが学べます。それは他人の話や本では学べないことです。そして、もっと上手に、能率的に、素早くやるためのアイデアや手がかりを集めることができます。その結果、以前は混乱していたことも、次第にクリアになってきます。困難に見えたことが、容易になり始める。さらに、あなたを応援し、勇気づけてくれる人が集まり始めます。あなたが行動することにより、あらゆる種類の良いことが、あなたのもとへ流れ始めるのです。

成功者とは行動する人たちのこと

セミナーで多くの人たちを教えたり、コーチしているうちに、私はあることを発見しました。成功者と失敗者を区別する最大のポイントは、成功者は「行動する」ということです。彼らは思い立てば、すっと立ち上がって必要なことを実行します。計画を作ったら、すぐに始める。始動する。完璧なスタートでなくても、彼らは失敗から学んで必要な修正を加え、また行動に移り、常に機運を盛り上げ、最終的に当初の目標を達成するのです。あるいは、最初に考えていた以上のことを成し遂げています。

あなたが成功するには、彼ら成功者たちがしたことを、あなたもすべきです。成功者は明らかに行動志向なのです。

ちなみに、私はここまで以下の事柄を述べてきました。「ヴィジョンを作成する」「目標を設定する」「小さな項目に細分化する」「成功をヴィジュアリゼーション（視覚化）し、それをアファメーション（自己肯定的に思い込む）する」。そして、「自分自身と自分の夢を信じる」。後は行動に移すことです。例えば、セミナー講習を申し込む。家を購入するための頭金を貯金し始める。フィットネスクラブに入会する。ピアノ教室に申し込む。企画書を作る……等々、とにかく行動に移りましょう。

あなたが行動するまでは何も起こらない

「もしもあなたの待つ船が来ないのなら、そこまで泳いで行け！」

ジョナサン・ウィンターズ（グラミー賞受賞のコメディアン、俳優、作家、芸術家）

私のセミナーでは行動を起こすことのパワーを説明するために、100ドル紙幣を手に持って、受講者にこう尋ねます。

「誰かこの100ドル札が欲しくないかい？」

もちろんクラスのほとんどが手を挙げます。手を激しく前後に振る人もいれば、「欲しい！」

「もらいます」とか「私にください」と叫ぶ人もいます。でも私は紙幣をかざしたままじっと立ち、彼らの次の行動を待ちます。

　とうとうある女性が立ち上がって私のほうに駆け寄り、私の手から紙幣をつかみ取りました。自らの行動で１００ドル分のお金持ちになった彼女が席に戻ると、私はこう尋ねます。

「他の誰もしなかったが、彼女がしたことは何だろうか？　彼女は思い切って立ち上がって、行動した。彼女はお金を得るために必要なことをしたのだ。人生で成功したいなら、まさにこういうことをしなければならない。行動を起こすのだ。しかも、ほとんどの場合、早いほうがいい」

　さらに、私は尋ねます。

「皆さんの中の何人かは、心の中では彼女のようにお金を取りに来ようと思っただろう。では、どうして踏みとどまってしまったのだろうか？　どういう理由を自分自身に言い聞かせて、立ち上がるのをやめたのだろうか。その理由を思い出してみよう」

　それに対する答えは、たいがい次のようなものである。

「そんなに欲しがったり、必要であるように見られたくなかった」

「あなたが本当にくれるかどうか、確信が持てなかった」

「私は教室のずっと後ろのほうに座っていたから」

「自分より他の人たちのほうが欲しがっていたみたいだから」

「欲張りに見られたくなかった」

「次の指示を待っていた」

それに対して、私はこう指摘します。

「自らを踏みとどまらせた理由が何であれ、きっとあなたたちは、それと同じ理由で、人生のほかの部分でも思いとどまっているのでしょう」と。

人生における公理の1つは、「あなたのやり方は、すべてに対して同じである」。一事が万事。もしここであなたが慎重派であれば、多分どこでも慎重派でしょう。あなたはそういった自己の行動パターンを見つけ、それを打破しなければなりません。いまこそ、自分を抑制するのはやめ、金メダルに向かって邁進《まいしん》する時なのです

あきらめずに行動し続ければ五輪選手にだってなれる

前にも紹介しましたが、ルービン・ゴンザレスは、小学校3年生のころから、将来はオリンピック選手になりたいと思っていました。オリンピック選手は目標に専念し、その追求のために逆境に耐え、失敗を重ねても成功するまでトライし続けた人たちであると信じ、それゆえに彼はオリンピック選手を尊敬していたからです。

そして、彼が大学在学中の1984年のサラエボ冬季オリンピック大会で、優勝したフィギュアスケートのスコット・ハミルトンの演技を見て、オリンピックに出場するための練習を始めることを決意し、自分自身にこう言い聞かせました。

「あの小さな体の男ができるのだったら、自分もできるだろう。次のオリンピック大会に出る

ぞ！　そう決めた。あとは種目を決めればいいのだ」

　彼は冬季オリンピックの競技を調べ、自分の強みを活《い》かせる種目を選ぶことにしました。彼は、確かにスポーツは上手ですが、偉大な競技者ではないことは自覚していました。しかし、彼には〝忍耐〟という強みがありました。何事も途中であきらめたことはなかった。そのため、ハイスクールでは〝ブルドッグ〟というあだ名をつけられたほどでした。そこで彼はとてもタフな競技で、骨折もめずらしくなく、そのために中途脱落者が多い競技を探すことにしました。それなら彼は最後まで残り、結局はトップになれるかもしれない。結果、彼はリュージュを選んだのです。

　次に彼は、『スポーツ・イラストレイテッド』誌に手紙（まだインターネットのない時代だった）を書き、「リュージュを習うにはどこに行ったらいいか」と尋ねました。

　返事が返ってきました。「ニューヨーク州のレイクプラシッド。ここでは１９３２年と80年にオリンピックが開催されました。そこにリュージュのコースがあります」

　ルービンはさっそくレイクプラシッドに電話をかけました。

「私はヒューストンに住んでいる陸上競技の選手で、4年後のオリンピックに出場できるようにリュージュを習いたい。教えていただけますか？」

　電話に出た男が尋ねた。

「あなたは何歳ですか？」

「20歳です」

「20歳？　年を取りすぎているね。10年遅すぎるよ。他の選手は皆10歳のころから練習している。

あきらめなさい」

しかし、ルービンはあきらめることはせず、いいアイデアを思いつくまでの時間稼ぎで自分の人生を話し始めました。

その途中で、たまたま「自分はアルゼンチン生まれだ」と口にすると、

「アルゼンチン生まれだって？　なぜそれを先に言わないんだ。もしもアルゼンチン代表で出るのだったら、助けてあげてもいい」

リュージュは国際的なレベルで競い合う国の数が少なく、そのためにオリンピック種目から除外される恐れがあったからでした。

「もしも君がアルゼンチン代表としてやる気があるのなら、4年で世界の50位以内のリュージュ選手にしてあげよう。それがオリンピックに出場できるレベルだ。それでリュージュの参加国が1つ増え、このスポーツの発言権が増す」

彼はさらに付け加えました。

「レイクプラシッドに来る前に、2つだけ承知しておいてほしい。1つ、君の年齢でリュージュを、しかもたった4年間で一流選手になるには過酷な練習になる。もともと10人のうち9人がやめてしまう競技なんだ。そして、2つめは、骨の2〜3本は折る覚悟で来なさい」

ルービンは思いました。「やった！　思った通りだ。僕は途中でやめることはない。難しければ難しいほど、僕にとっては好都合なんだ」

2〜3日後、ルービン・ゴンザレスはレイクプラシッドのメイン・ストリートを歩きながら

「全米オリンピック・トレーニングセンター」を探していました。そして、翌日には、14人のやる気満々のオリンピック選手志望者たちと初級のクラスに入ったのです。

しかし、初日は悲惨でした。彼でさえ、やめようと思ったほどでした。しかし、友人の助けで、もう一度オリンピックの夢に賭けてみることにしたのです。

1年目のシーズンが終了するまでに、彼以外の14人の志望者全員がやめてしまいました。でも、ルービンは次の夏のトレーニングも完了。そして、4年後、彼は自分の夢を実現し、1988年カルガリー冬季オリンピック大会の開会式でアルゼンチン代表として行進したのです。さらに彼は1992年のアルベールヴィルと2002年のソルトレイクシティの大会にも出場しました。ルービン・ゴンザレスは自分の夢に対し、即座に行動し、そしてあきらめずに行動を続けたのです。その結果、「オリンピック3回出場」という名誉ある記録が生まれたのでした。

成功者は行動にこだわる

ほとんどの場合、成功者は計画や話だけでは満足しません。彼らは行動を起こしたくて、うずうずする人たちです。事を始めたい。試合が始まってほしい、と願う人たちなのです。

私の友人で作家、講演者のボブ・クリーゲル氏の息子のオーティスがいい例です。オーティスは大学1年が終わった後の夏休みに、ガールフレンドと一緒に実家に戻って、それぞれアルバイトを探しました。オーティスは電話をかけまくりました。一方、ガールフレンドのほうは最初の

1週間、履歴書を書いては、書き直していました。2日目の終わりにオーティスは仕事を見つけることができました。しかし、ガールフレンドはまだ履歴書を書き直していました。

オーティスはすぐに行動を起こしました。もしも相手が履歴書を欲しいといったら、それから書けばいいと思っていたのです。

確かに、計画することも大事です。でも、それは全体の中で捉えなければなりません。ある人は、行動を起こすのに完璧なタイミングを計っているうちに一生を終えてしまいます。何事をするにしても、〝完璧なタイミング〟というのはありません。重要なのは、まず始めてみることです。ゲームに参加すること。フィールドに出てみること。そして、実際にやってみれば、成功のために必要な軌道修正点が分かり、いろいろなことが習得できます。行動を起こせば、より早く多くのことを学べるのです。

「用意！　撃て！　狙え！」が正しい

「用意！　狙え！　撃て！」という言葉は多くの人が知っているでしょう。しかし、問題は多くの人が「狙う」ことに時間を費やすあまり、タイミングを失して撃てずに終わってしまうことです。でも、的を正確に撃つもっとも早い方法は、まず一発撃ってみて、弾丸がどこに当たったかを確認し、その結果から狙いを再調整する手順なのです。もしも弾丸が標的の2インチ上に当たったら、次は狙いを少しだけ下げて、再度撃ってみる。そして、どこに当たったかを見る。さらに撃ち続け、調整をし続ける。そうすれば、やがて的に命中するでしょう。他のことでも、まったく同じです。

前向きの失敗を恐れてはいけない

「人は、多くの大きな失敗を経験してのみ、偉大で、善良になれる」

ウィリアム・E・グラッドストーン（元英国首相）

多くの人は失敗することが怖いために、行動を起こそうとしません。しかし、成功者は「失敗は学習過程の重要な一部」であることを知っています。失敗は試行錯誤の学習方法のひとつであると、彼らは悟っているのです。

私たちは失敗を恐れない以上に、自らすすんで失敗する必要があるのです。教訓的失敗のことを私は「前向きの失敗」と呼んでいます。まず行動を起こし、失敗をし、その結果を分析して修正し、再度ゴールに向かって進むのです。経験のひとつひとつが多くの有用な情報を与えてくれて次回に応用できるのです。

この法則は、おそらくベンチャー企業においてもっとも効果を発揮するでしょう。ベンチャーキャピタリストたちは、ほとんどのベンチャービジネスは失敗することを承知しています。しかし、ベンチャーキャピタル業界には、最近次のような統計があります。「もしもベンチャー企業の創業者が55歳以上であれば、その企業は73%の確率で生き残る。彼らベテラン経営者は、自分の失敗からすでに多くのことを学んでいるからだ」。それゆえ、そうした企業は確率の高い投資対象になるのです。彼らは自分たちの失敗から基礎的な知識や様々なスキル、自信などを培うことにより、今後の障害を乗り越え、成功に向かって確実に前進することができるからです。

私のお気に入りの話があります。医学上重要ないくつかの発見をした有名な科学者の話です。あるとき彼は、新聞記者から「なぜ他の人よりも、はるかに多くのことができたのですか?」と尋ねられました。つまり、他の人たちとどこがそんなに違うのか、という質問です。それに対し彼は、

「2歳のころに母親が教えてくれた教訓がすべてです」と答えました。

2歳の彼は、冷蔵庫からミルクのボトルを取り出そうとして、手を滑らせ、中身をすべて床にこぼしたことがあったそうです。ところが、彼の母親は叱《しか》るのではなく、彼にこう言いました。

「なんて見事にこぼしてくれたの! こんな大きなミルクの水溜《みずたま》り、見たことがないわ。やってしまったことは仕方がないわ。せっかくだから、きれいにする前にミルクの中でぴちゃぴちゃ遊んだらどう?」

実際、彼はそうしたそうです。

それからしばらくすると、母親はこう言いました。

「いいこと、こういう面倒を起こしたときは、あとで必ずきれいにしなければならないのよ。それでは、どうやってきれいにする? タオル? スポンジ? モップも使えるわ。どれがいい?」

そして、片づけが済むと、次に母親はこう言ったそうです。

「あなたは、この2つの小さな手で大きなミルクのボトルを運ぶ実験をして、失敗したのよね。じゃ、これから庭に出て、水の入ったボトルを落とさずに上手に運べる方法はないか練習してみましょう！」

なんて素晴らしい教え方なのでしょう。この科学者はこのときに「自分は失敗を恐れる必要がない」と悟ったそうです。彼は失敗は何か新しいことを学ぶための好機にすぎないことを学んだのです。結局のところ、科学の実験とはそういうものです。

ボトルからこぼれたミルクが、「経験から学ぶ」という人生に導いたのです。そして、そうした経験が積み重なって、彼は世界的に著名な研究と医学上の大発見をする人生に至ったのでした。

法則 14 のめり込もう

「海を見ているだけでは、海は渡れない」

ラビンドラナート・タゴール（1913年ノーベル文学賞受賞者）

成功とは、往々にして一心不乱にのめり込んだ末につかめるものです。自ら行動するときは契約も、成功の約束も、確かな期待も、何もありません。あなたはその機会を信じ、それを進めるために必要なことは何でもやろうとします。だから、まずはスタートを切ってみること。それから、その可能性にのめり込んで追求すれば、成功の感触がわかってきます。そこで、やり続けるべきかを判断すればいいのです。

さらに、ひたすら一心不乱にのめり込むことの最大のメリットは、自分に勢いが生まれることです。〝勢い〟という見えない力は、実はより多くの機会、資源、そしてあなたの助けになる人々を、もっとも良いタイミングで引き寄せるのです。

見切り発車でいい

「思い切って最初の一歩を踏み出しなさい。途中の階段のすべてを見る必要はない。まず第一歩を踏み出しなさい」
マーティン・ルーサー・キング（伝説的な公民権活動家）

あるプロジェクトやチャンスにのめり込むということは、必ずしも始めから行程のすべてが見えていなくてもスタートを切るくらいの覚悟が必要です。まずはのめり込んで、それから事がどう展開するかを見るくらいの思い切りがなければなりません。

私たちは、夢はあっても先がよく見通せない場合には、失敗して責任を取ることが怖いものです。しかし、のめり込むということは、行く手に目指す港があると信じて未知の海に漕《こ》ぎ出すことです。まずはスタートしたあとで、次のステップと思うことに着手していけば、最終的にあなたが目標とするところ、またはそれ以上の良い場所に到達できるでしょう。

障害物が次の道を示してくれる

ジェイナ・スタンフィールドは物心がついたころから歌手になりたいと思っていました。彼女は自分の夢がどうなるかはわからなかったが、やってみなければならないと考えました。それで自分の夢にのめり込み、まず声楽のレッスンを受けました。そして、ようやく地元のカントリークラブで週末に歌う仕事を見つけることができました。それでも彼女は、さらに熱くのめり込み、26歳のときにソングライター兼レコーディング歌手になる夢を追い求め、荷物をまとめてテネシー州ナッシュビルに向かいました。

それから3年、彼女はナッシュビルで暮らし、働きました。周りには素晴らしい才能の持ち主で、いつ成功してもいいような歌手の卵が何百人もいました。でも、その中でレコーディング契約までこぎつける人はごく少数でした。

レコードのプロモーション会社で数年働き、業界のすべてを学んだ後、ジェイナは厳しい現実に直面しました。

「私はナッシュビルでこうして一生働き続け、年を取るんだわ」

レコーディング契約を得ようと努力することは、まるで分厚い壁に頭からぶつかっていくようなもの、ということがようやく彼女にもわかってきました。それでもさらにのめり込めば、行く手を阻む障害物が、実は次の道を示してくれることを、当時の彼女は知りませんでした。その新たな道こそ、本来の彼女の目標につながる近道かもしれないのです……。

「失敗するたびに行動の選択肢は増える。次はそこから探せばいい。障害物にぶち当たったら、回り道をすればいいだけのことである」 メアリー・ケイ・アッシュ（メアリー・ケイ化粧品の創業者）

夢のベースにある根源的な動機を求めなさい

その後、ジェイナは多くの成功者と同じことを学びました。

「まっすぐに行けないのなら、右か左に曲がればいい。とにかく進み続けることだ」

我々は夢の実現を焦るあまり、自分の道にこだわりがちです。そのことを彼女は自己啓発講座で学びました。彼女の場合、自分の道とはレコーディング契約を得ることでした。

しかし、自分が本当に求めているものがわかれば、それを達成する方法はいくつもあることを彼女は悟ったのです。レコーディング契約を得たいという夢のベースには、もっと根源的な動機がありました。彼女がもともとそうした夢を抱いたのは「自分の音楽を通して、人々を元気づけ、生きる希望を与えたい」という思いからでした。

「音楽と、コメディと、物語を書くこと、そして人々に生きる勇気を与えること。それを私の存在理由にしたい」と彼女は日記に書いたことがありました。

「私はアーティスト。アートが私の前に広がっていて、私を阻むものはなにもない」

この新しい展望に勇気づけられ、ジェイナはあらゆる場所で演奏を始めることにしました。「二人以上が集まる場所なら私はギターを持って歌いに行く」というのがモットーになりました。彼女は、家庭のリビング、車寄せ、学校、教会などいたるところで演奏し、歌いました。

のめり込めば、道は現れる

しかしジェイナは、どうしたら自分の才能を通して人々を救いつつ、自分の生計も立てられるのかわかりませんでした。音楽、コメディ、物語を書くこと、そして人々に生きる勇気を与える。

彼女がしたいと思うこれらのことを実際に結びつけ、活動している人は他にいませんでした。彼女には進むべきキャリアの道はなく、従うべき足跡もなかった。新しい領域を自分で開拓していくしかない。だから、自分はどこに向かっているのか、最終的にどこに到着するのかもわかりませんでした。それでも、とにかく彼女は歌うことに没頭し、のめり込んだのです。

ある日、ジェイナは教会に電話をかけました。

「そちらで、礼拝のときに2曲ほど歌わせてください。そうすれば、私のことを理解し、私がどれほどのお手伝いをできるか、わかってもらえると思います。そして、きっと2～3ヶ月後にまた歌いにきてほしいと言ってもらえると思います」

実際、彼女が2～3曲歌うと、教会に来ていた人たちが彼女のもとにやってきて、彼女の音楽テープはないかと尋ねました。もっともリクエストの多かった曲は「If I had only known」でした。彼らは言いました。

「あなたがあの曲を演奏していたとき、多くの人たちが涙を流していました。私も大切な人を亡くし、とてもつらく、泣きたい気持ちになりました。でも、いったん泣き始めたら、元の自分にどうやって戻れるのかわからない。だから、ここでは泣きません。その代わり、この歌のテープを私に作ってください。そうすれば、一人きりのときに、あなたが私に伝えようとした感情をきちんと感じとることができると思います」

ジェイナは時間をかけてテープを作り、そうした人々に送ってあげました。一方、その間も、友人たちは彼女にアルバムを作ることを勧めていました。

「以前に、何曲かデモテープを作ったことがあったでしょ？」と彼らは言いました。

「そのデモテープを合わせて、自作のアルバムを作ればいいのよ」

しかし、ジェイナは思いました。

「そんなことはできない。それは本当のレコード会社が作るアルバムではないもの。本物ではないわ。それでは自分が敗者ということをさらけ出すようなものだもの」

それでも友人たちがしつこく勧めたので、とうとうジェイナもレコード作りに合意し、最終的にのめり込むことになったのです。彼女はレコーディング・エンジニアに１００ドル払い、10曲を一度に録音してもらいました。そして、彼女は冗談で、「レコード会社に断られた私のトップ10アルバム」というタイトルをつけました。彼女はキンコーズ（オフィス＆プリント・サービス）でカバージャケットを作り、１００巻のカセットテープをコピーしました。それは「一生使える数と思っていた」と、彼女は笑いながら回想するほどでした。ある家庭のリビングから次の家のリビングへ、小さな教会から別の小さな教会へ、演奏場所を移動してはテーブルの上に自分のカセットテープを並べ、演奏後に販売したのです。

そして、転機が訪れました。

「夫と一緒にメンフィスの教会に行ったときでした」と、ジェイナは振り返ります。

「教会の人たちは、私がテープを並べたテーブルを教会の中に置くのを嫌がったので、仕方なく外の駐車場に並べたのです。気温は摂氏35度もあり、アスファルトは熱くなって、黒く溶けてべとべとしていました。その駐車場から最後の車が消えた後で私たちは車に乗ってエアコンをつけ、売上金を数え始めました」

するど驚いたことに、その日、彼女は300ドル分のテープを売っていたのです。それは食いつなぐためにテレビ局でアルバイトを1週間して稼いだお金より50ドルも多い額でした。その300ドルを手にしたとき、彼女は自分が好きなことをしながら自活ができることを初めて実感したのです。

現在、ジェイナの会社であるキーノート・コンサーツ社は、世界中で生きる勇気を与えるコンサートを50回以上プロデュースしています。また、彼女はレコード会社「レラティブリー・フェイマス・レコード」社を創立し、ジェイナ自身のCDを8枚製作して計10万枚以上販売しました。ジェイナが作曲した歌は、レバ・マッケンタイア、アンディ・ウィリアムス、スージー・ボッガス、ジョン・シュナイダー、メゴン・マクドノウなどによってレコーディングされています。彼女はケニー・ロギンズの前座を務め、作曲家であるメロディ・ビーティと一緒に彼のツアーに加わりました。そして、彼女の〝ヘビー・メンタル〟（ヘビーメタルの対極にあることをシャレた表現）な音楽は多くの人気テレビ番組や、アメリカ中のラジオ番組、そしてヒット映画の中で取り上げられています。

こうしてジェイナ・スタンフィールドは、作曲家とレコーディング歌手になるという自分の夢を実現しました。それは彼女がのめり込んで、目の前に現れた道を信じたからです。「のめり込めば、おのずと道が現れる」ことを信じれば、あなたも「今いるところから、あなたが望むステージに」到達できるのです。時に、それは霧の中を運転するようなもので、10メートル先も見えないこともあるでしょう。それでも前進し続ければ、霧の中から道が現れ、最終的には目的地に到着できるのです。

キャリア、収入、人間関係、健康、レクリエーション、趣味、社会貢献などあなたが探求したい分野で、ひたすらのめり込んでみてください。

法則 15 恐怖心を克服しよう

「私たちはこの世には一度しか来られない。その一生を、大怪我をしないよう、死ぬまでつま先歩きで通すこともできる。反対に、自分の目標を完遂させ、とてつもない夢を実現し、充実した申し分のない人生を送ることもできる」

ボブ・プロクター（たたき上げの億万長者、ラジオ・テレビのパーソナリティ。成功トレーナー）

今いるところから、あなたが望むステージへ向かう旅のなかで、あなたは必ず恐怖感に直面することでしょう。でも、恐怖を感じることは自然なことです。新しいプロジェクトを始めたり、新規ビジネスを引き受けるときは、必ず恐怖心が伴うものです。ところが不幸なことに、ほとんどの人はその恐怖心のために、夢の実現に必要なステップを途中でやめてしまうのです。

一方、成功者たちは——私たちと同様に恐怖感を抱くが——それによって、したいこと、あるいはしなければならないことを停止しません。「恐怖心」とは、その存在を認め、経験し、そして人生の道連れにするものだということを、彼らは理解しているからです。恐怖を感じても、とにかくやるべきことをやった者が成功者なのです。

恐怖感を避けては何も得られない

恐怖に対して、何としてもその事態を避けようとする人は多い。もしもあなたがその種の人間だったら、人生において欲しいものは絶対に得られないでしょう。素晴らしいことを得るには、ほとんどの場合、リスクを冒す必要があるからです。もちろんリスクがある以上、必ずうまくいくとは限りません。多くの人々が投資に失敗したり、せりふを忘れたり、山で転落したり、事故で死んだりします。しかし、古い格言が賢いことを言っています。

「リスクを冒さなければ、何も得られない」

恐怖心は自分自身で勝手に作り出したもの

恐怖について覚えておくべきもうひとつの重要な側面は、私たちが抱くほとんどの恐怖心は、実は自分自身で勝手に作ったものだということです。

私たちは往々にして、結果をネガティブなほうに想像し、勝手に怖がってしまいます。しかし、幸運なことに、そのネガティブな想像をするのは私たち自身です。だから、自らその恐怖を払拭《ふっしょく》すれば、心の平静と平和を取り戻すことができるのです。そのためには、想像にゆだねるのではなく、真実に直面すること。そうすれば、私たちはちゃんとした分別を持つことができます。

そこで、どうして根拠のない恐怖心を抱いてしまうのかを知るために、それぞれ実行を恐れる

のリストです。例を挙げてみよう。「クモが怖い」、というような「～が怖い」という恐怖ではありません。「クモをつかむのが怖い」というような「～するのが怖い」という恐怖のリスト」を作ってみるといいでしょう。

「恐怖のリスト」を作ってみるといいでしょう。

*この嫌いな仕事を辞める
*ベビーシッターに子供たちをまかせて、外出する
*スカイダイビングに行く
*彼女にデートを申し込む
*昇給を上司に頼む

以上の恐怖の対象を次の方式に当てはめて、言い直してみてください。
「私は～したい。しかし、私は～を考えると、怖い」。キーになる言葉は、「考えると、怖い」です。すべての恐怖心は、ネガティブな結果になるかもしれないと想像することから生まれます。さっきリストアップした恐怖の対象に当てはめると、新しいフォーマットはこんな文脈になります。

*昇給を上司に頼みたい。しかし、彼が拒否して、私に腹を立てることを考えると、怖くなる
*彼女にデートを申し込みたい。しかし彼女が拒否して、自分が恥ずかしい思いをすることを考

えると、怖くなる
＊スカイダイビングに行きたい。しかし自分のパラシュートが開かずに、死ぬことを考えると、怖くなる
＊ベビーシッターに子供たちをまかせて、外出したい。しかし、子供たちに事故が起こることを考えると、怖くなる
＊自分の夢を追求するために、この嫌いな仕事を辞めたい。しかし新しい事業が失敗し、自宅まで失うことを考えると、怖くなる

結局、恐怖心は自分自身で勝手に作り出していることがわかったでしょう。

こうすれば恐怖心を取り除ける

「私は長生きした。この間、多くの不安を抱えてきたが、そのほとんどは現実には起こらなかった」

マーク・トウエイン（著名なアメリカの作家）

あなたの恐怖心を除去する方法があります。それはあなたが「怖い」と想像していることは何かを、自分自身に尋ねてみることです。そして、その恐怖のイメージを、正反対のポジティブなことに置き換えればいいのです。

この間、オーランド行きの飛行機に乗ったとき、隣に座ったご婦人が、こぶしが白くなるほど強くひじ掛けを握っているのが目に入りました。そこで私は自己紹介をし、自分が心理トレーナーであることを告げて、彼女の力の入った手が気になったので、と言いました。

「怖いのですか?」

「はい」

「では、目を閉じて、頭の中でどんな考えや想像を思い巡らせているのかを言っていただけますか?」

彼女は目を閉じて答えました。

「飛行機が離陸に失敗し、墜落することです」

「そうですか。ところで、オーランドへは何をしに出掛けるのですか?」

「ディズニーワールドで孫たちと4日間一緒に過ごすのです」

「素晴らしい。では、ディズニーワールドでもっとも好きな乗り物は何ですか?」

「イッツ・ア・スモール・ワールドです」

「それは素敵だ。では、そのイッツ・ア・スモール・ワールドのアトラクションで、あなたがお孫さんたちとゴンドラに乗っている姿を想像できますか?」

「はい」

「いろいろな国の人形が上下したり、ぐるぐる回るのを見て、お孫さんたちが笑ったり、目を丸くしている表情が見えますか?」

「ええ」

そこで私は歌い始めました。「イッツ・ア・スモール・ワールド・アフターオール。イッツ・ア・スモール・ワールド・アフターオール……」

彼女の表情は次第にリラックスし、呼吸がゆったりとし、そしてひじ掛けから手が離れました。彼女の心はすでにディズニーワールドにありました。彼女は、飛行機が墜落するという悲惨なイメージを、彼女が望むポジティブなイメージに取り替えたのです。すると、彼女の恐怖心は消え去りました。同様のテクニックで、あなたもこれから経験するかもしれないどんな恐怖心も消し去ることができるのです。

恐怖心を除去するもうひとつの方法

恐怖心を除去するもうひとつの有効なテクニックは、あなたが現在感じている感覚――つまり、あなたが恐怖と考えている感覚――に焦点を当ててみることです。そして、その代わりあなたが望む気持ち、例えば勇気、自信、冷静さ、歓びなどに焦点を当てます。

それらの2つの異なる感覚を、しっかりとあなたの心眼に固定します。そしてその2つの間を、それぞれ15秒ずつかけて、ゆっくりと往復するのです。1～2分もすると恐怖の感覚は消え、あなたはその中間で冷静な心境になれます。

恐怖を克服したときのことを思い出しなさい

飛び込み台から飛び込んだことはあるでしょうか。もしあれば、初めてボードの端に行き、そこから下を見下ろしたときのことを覚えているでしょう。水面は実際よりはるかに下に見えたはずです。

そこであなたは大変な恐怖を感じたが、どこからか勇気をかき集め、空中に飛び出し、水に飛び込んだはずです。恐怖を感じたけれど、とにかくやってみたのです。

水面に浮かび上がると、あなたはプールサイドに向かって必死に泳ぎ、そこでようやく深呼吸をしました。すると、どこかにアドレナリンの分泌を感じ、リスクを克服したあとの満足感と、水に向かって空中に飛び出したときの心地よいスリルを覚えたはずです。そして、多分すぐにもう一度、そしてまたもう一度と、飛び込み台に上ったでしょう。すぐに恐怖感はなくなり、いろんな技を試したかもしれません。

そうした経験、あるいは初めて車を運転したときのことや初めてキスをしたときのことを思い出すことができれば、人生で起こるすべてのことは、ほとんどが対処できることがわかるでしょう。新しい経験は、いつも初めは少々怖いものです。当然のことです。しかし、恐怖を感じても、とにかくやってみれば、自分の能力にますます自信を深めることになるのです。

リスクを軽減してやってみなさい

心理カウンセリングの大家であるアンソニー・ロビンスはこう言っています。

「もしもまだできてないのなら、あなたはやるしかない。やるしかなければ、あなたはできるのだ」

私も同感です。私たちが実行を怖がることこそ、実は私たちに最大の自由と成長を与えてくれることなのです。

それでも、恐怖が大きすぎて身動きが取れないというのなら、リスクの量を軽減してみましょう。最初は小さな挑戦から始め、徐々に大きくしていけばいいのです。例えば、あなたが新しくセールスの仕事を始めるのであれば、まずはもっとも売りやすいと思う顧客から当たってみる。新しい仕事の責任を取るのが不安なら、そのプロジェクトのうち、あなたが興味のあるパートを担当することから始めてみる。もしも新しいスポーツを習うのなら、低いレベルのスキルから始めてみる。最初の段階のスキルをマスターし、恐怖感をなくしてから、次により大きな挑戦をするのです。

行動することからチャンスは広がる

私が知っているすべての成功者たちは、たとえ恐怖心があったとしても、勇気をもって運に任せてやった人たちです。彼らも、時に恐怖に震えることがありました。しかし、そこで行動しなければ、チャンスがすり抜けてしまうことを知っていました。だから、彼らは自分の直感を信じて、突進したのです。

「進歩とは常にリスクを伴うものだ。一塁ベースに足を付けたまま、二塁に盗塁することはできない」

フレデリック・ウィルコックス（元大リーガー）

マイク・ケリーは現在、パラダイスのような生活を送り、ビーチ・アクティビティーズ・オブ・マウイ社ほか数社の傘下企業を所有しています。彼は大学1年で退学し、19歳のときにラスベガスからハワイに渡り、マウイ島のホテルのプールサイドで日焼け止めローションを売り始めました。そのスタートから、のちに会社を創業し、今では観光客向けの双胴船やスキューバダイビングのツアーなどのレクリエーション・サービスや多くのホテルでコンシェルジュ・サービスやビジネスセンターなどを営業しています。現在１７５名の社員を抱え、年間収益５００万ドル（6億円）をあげるまでになりました。

マイクは自分の成功のほとんどは、必要なときに思い切って行動に出た結果だと言います。

ビーチ・アクティビティーズ・オブ・マウイ社がビジネスの拡大を図っていたころ、どうしても新規に契約したいホテルがありました。しかし、そこは競合他社が15年間もの間、契約を継続していました。

マイクは競争力を付けるために常に業界誌を読み、自分たちのビジネス界で何が起こっているか聞き耳を立てていました。ある日、マイクはそのホテルの支配人が交代するという記事を読みました。その記事には、次に着任予定の支配人は現在、コロラド州のコパーマウンテンに住んでいるとも書かれてありました。マイクは考えました。支配人が着任してからでは、面会するにも障壁がありすぎる。彼がハワイに来る前に、直接コンタクトできれば……。マイクはいろいろと考えました。手紙を書くべきか？　電話をかけて話すべきか？　彼が迷っていると、友人のダグがこう言いました。

「飛行機に飛び乗って、彼に会いに行ったらどうだい？」

マイクはそれまでも、何かあればすぐに行動を取っていたので、今回も素早く履歴書と提案書を用意し、翌日の夜、飛行機に飛び乗りました。一晩中飛んでコロラドに着き、コパーマウンテンまでレンタカーを2時間運転して、次期支配人のオフィスにアポなしで現れたのです。彼は自己紹介をしたうえで、相手に昇進のお祝いを述べ、マウイ島への着任を歓迎すると述べました。それから少々時間を取ってもらい、彼の会社の説明をし、相手のホテルのために何ができるかを話したのです。

結局、その面談では契約は取れませんでした。しかし、マイクという人間が自分自身と自分の仕事に自信があり、コロラドまでわざわざ飛行機に乗ってくる決断をし、会えるかどうかわからないのにロッキーの山中を運転して来たという事実は、その支配人に大変な好印象を与えました。それにより、彼がハワイに着任してのち、マイクは新しく契約を獲得し、その後の15年間もマイクに年間何十万ドルもの増収をもたらしたのでした。

思い切って飛び込めば人生は変貌する

「権力とは、与えられたものは20％だけで、残りの80％は奪ったものである。だったら、奪ってしまいなさい」

ピーター・ユベロス（1984年ロサンゼルス・オリンピック大会組織委員長、1984〜1988年、メジャーリーグのコミッショナー）

億万長者のジョン・デマルティーニ博士は誰の目から見ても偉大な成功者です。彼は美しくて素晴らしい女性、アシーナ・スターウーマンさんと結婚していますが、彼女は世界的に有名な占星術師で、『ヴォーグ』誌を含む24の著名な雑誌に寄稿しています。彼らはオーストラリアに数軒の家を所有し、また年間60日以上は、5億5000万ドル（660億円）の豪華客船「ワールド・オブ・レジデンシー」号に所有する3000万ドル（36億円）もの贅沢《ぜいたく》な船室で世界中を旅しています。それは彼らがニューヨークのトランプタワーに所有していたマンションを売却して購入したものでした。

54のトレーニングプログラムと13冊の著書があるジョンは、世界中を旅しながら経済的成功と生き方についてのセミナーを開催しています。

しかし、ジョンは初めから裕福な成功者だったわけではありません。7歳のとき、彼はある学習能力の欠陥が見つかり、普通の読み書きやコミュニケーションができないだろうと言われました。14歳のとき、彼は学校を辞めてテキサスの自宅を飛び出し、カリフォルニアの西海岸に向かいました。そして、17歳のときにハワイに移り住み、オアフ島の有名なノースショアでサーフィンに明け暮れたのです。ところが、あるとき、彼はストリキニーネ中毒であやうく死にかけました。そして、そこで93歳のポール・ブラッグ博士と出会ったのです。博士は彼にひとつの単純なアファメーションを教え、それを毎日反復するようにと、諭したのでした。

「私は天才で、私は自分の知恵を応用している」

ブラッグ博士に鼓舞されたジョンは、その後大学に進学し、ヒューストン大学で学位を取得。さらに、テキサス大学でカイロプラクティックの博士号を取りました。

ヒューストンに最初開いたカイロプラクティック診療所は、ほんの970平方フィート（約90㎡）程度の部屋でした。しかし、9ヶ月も経たないうちに、彼は診療所を倍のスペースに広げ、健康に関する無料の講座を開設することにしました。すると、さらに受講者が増えたので、ジョンは思い切った拡大に踏み切りると、彼の診療所は一大飛躍、それが彼の経歴を変えたのでした。

「その日は月曜日だった」とジョンは振り返ります。

「隣の靴屋が前の週末に立ち退いていたんだ」

そこでジョンは、「講座を開く部屋に最適だ」と考え、すぐに不動産会社に問い合わせの電話をかけました。

ところが、返事の電話は返ってきませんでした。すぐに貸し出す予定がないからだろうと考え、ジョンはすぐさま行動に移りました。

「私はまず鍵屋を呼んで、その部屋の鍵を開けてもらった」とジョン。

「最悪の場合でも、賃料を請求されるくらいだろうと思っていた」

彼はさっそくその部屋を無断で講座用の部屋に模様替えし、2～3日後からは毎晩無料の講座を開きました。そこは映画館のすぐ隣だったので、映画を見に来た人たちが駐車場まで歩いて行く途中で、彼の講座の内容が聞こえるように、外に向けてラウドスピーカーをつけました。その結果、何百人もの人たちが新たに受講するようになり、最終的に彼らは彼の患者になったのです。

こうしてジョンの診療所は急速に拡大しました。

それから6ヶ月ほど経って、ようやく不動産会社のマネジャーがやって来ました。

「君は勇気があるね」とそのマネジャーは感心したように言いました。

「まるで昔の自分を見ているようだ」と語るマネジャーは、ジョンの大胆な行動力に強い印象を受けたため、過去6ヶ月間の賃貸料は無料にしてくれたのです。

「君のような勇気の持ち主なら誰だって家賃を無料にしてあげるよ。それくらいの価値はあるさ」と彼はジョンに言いました。

さらに彼はジョンを自分のオフィスに呼び、自分のところで働かないかと勧誘し、年収25万ドル（3000万円）を提示しました。しかし、ジョンには他にプランがあったので断りました。でも、このことは彼の行動力に対する大きな勲章となったのです。

こうして思い切った決断を下すことで、ジョンの診療所には大きな繁栄がもたらされました。

その後、彼は診療所を売却し、他のカイロプラクターたちと一緒にフルタイムのコンサルティングを始めたのです。

「思い切ってやってみると、道が開けたんだ」とジョンは言います。

「もしも躊躇《ちゅうちょ》したり、注意深く慎重になりすぎたら、今自分が楽しんでいるような生活には至らなかっただろうね」

一か八かやってみなさい

「きみは安全で、無難な道を望んでいるのか？　それとも、リスクを冒しても偉大になりたいのか？」　ジミー・ジョンソン（1992年から2年連続で、ダラス・カウボーイズをスーパーボウルに導いた名監督）

リチャード・ポール・エヴァンス氏が最初の著作『クリスマスボックス』を書いたとき、それは単に彼の2人の幼い娘へのプレゼントのつもりでした。ところが、家族や友人たちにそのコピーを配ったところ、その心温まる物語はすぐに評判になりました。好意的な反応に勇気づけられ、リチャードはさっそくその本を出版してくれる会社を探すことにしたのです。

しかし、どこも受け付けてくれなかったため、彼は自費出版に踏み切りました。

そして、その本のプロモーションのため、彼は全米書籍販売者協会の地区会議が行われる会場にブースを構えました。会場ではいろいろなイベントが実施され、その一角では著名作家たちのサイン会が行われていました。会場のプレスも、そのコーナーだけは常に注目していました。そんなとき、著名作家の次の一団がサイン会の席に着いたのですが、そのうち1人が到着していないことに気がつきました。

その瞬間、彼の勇気と自分の夢への執着心が恐怖心にまさったのです。リチャードは勝負に出ることにしました。彼は自分の著書を2箱分持って、空いた椅子に着き、サインをし始めたのです。

彼がテーブルに座ったところを見て、1人の女性担当者が近づいてきました。追い払おうとしたのです。しかし、リチャードは少しもたじろがずに顔を上げ、彼女が話し出す前に言ったのでした。

「遅れて、申し訳ありません」

その女性は驚いて彼を見つめて、こう尋ねました。

「何かお飲み物をお持ちしましょうか?」

翌年、リチャードはこの展示会のスター作家になっていました。彼の『クリスマスボックス』は、ニューヨークタイムズ紙のベストセラーリストの第1位になったのです。さらに、世界の18の言語に翻訳され、合計で800万部以上売れ、エミー賞を受賞したCBSのテレビドラマにもなりました。当初、数社のメジャーな出版社から出版を拒絶されたこの本は、最終的にはサイモン・アンド・シュスター社が420万ドル（5億4000万円）という破格の金額で出版権を買い取ったのでした。

夢のためにすべてなげうつ覚悟を持ちなさい

「大きな失敗を犯してもいいと言う者だけが、大きなことを実現できるのだ」

ロバート・ケネディ（元司法長官・上院議員）

1981年1月に不動産投資家のロバート・アレンはすべてをなげうって、ある挑戦をしました。それは彼の作家とセミナー講師としての立場を、ともに危うくさせかねないものでした。

彼は自分の新刊書『ナッシング・ダウン——成功への道・不動産投資』をプロモートする方法を探していました。ボブ（ロバートの愛称）は出版社の宣伝部が制作した広告には不満でした。代わりに彼はいいアイデアを思いつきました。それは「作者自身が、頭金ゼロで実際に不動産が買えることを実証する」という内容でした。

「それは、どういう意味ですか？」と出版社の担当者。

「わかりません。でも例えば、ある町にあなたが私を連れて行って、私の財布を取り上げ、その代わりに100ドル紙幣を1枚渡す。それで私は、実際に不動産を買ってみせるのです」と彼は答えました。

「それはどのくらい、時間がかかりますか？」

「わからないけれど、多分1週間か、3～4日……、72時間くらいかな」

「本当にやってみますか？」

ボブはそんなこと、これまでしたことがなく、できるかどうかもわかりませんでした。奈落《ならく》の底を見るような心境で、理性的には「ノー」でしたが、彼の心は「イエス」と言いました。

結局、ボブは心の赴くままに、返事をしたのです。

「ええ、おそらくできるでしょう」

「それができるのであれば、それを広告文にしましょう。『そこで彼は私の財布を取り上げ、100ドル紙幣1枚を私に手渡し、自分のお金をまったく使わずにこれで不動産を買って来いと、私を外に追い出した』といった内容で……」

「OK、それで行こう」とボブは言いました。

実際、彼らの広告は大反響を呼びました。そして、出版から2～3ヶ月後には『タイム』誌のベストセラーリストの1位になり、その後ニューヨークタイムズ紙のベストセラーリストにも46週間にわたってランクされたのです。

ところが、それからしばらくして、ロサンゼルスタイムズ紙の記者から電話がありました。

「あなたが広告の中でできると言っていることですが、私たちにはできるとは思えません」

ボブは答えました。

「私は挑戦を受けるのは好きですよ」

そして、ちょっと冗談を言ってみた。

「2050年までに、っていうことでどうですか？」

しかし、タイムズ紙の記者はその冗談にはまったく取りあいません。真剣にボブをやっつけようとしていたのです。記者は言いました。

「私はあなたをやっつけるつもりです。あなたのあの広告が気に入らないんだ。インチキだと思っている。だからやっつけたい」

ボブは恐れを感じましたが、挑戦を受けざるを得ないと決心し、4週間後に会うことにしました。

1981年1月12日、ボブはタイムズ紙の記者とロサンゼルス国際空港の東にあるマリオットホテルで会いました。ボブは前の晩あまり寝ていなかった、というより、その1ヶ月間、あまりよく眠れませんでした。短期間のうちに、本当にそんなことができるのか。夜中に目を覚ましては、考え込む毎日だったのです。挑戦を受けることは正しい選択のように思えましたが、実際にできるのか、自信はありませんでした。

彼らはそこから一緒の飛行機に乗ってサンフランシスコに飛び、そこでボブはすぐさま仕事を開始することになりました。しかし、不動産会社を訪ね、頭金ゼロで不動産購入申込書を提示すると、即座に追い返されてしまいました。

「まったく良いスタートではなかったね」

とボブは回想します。それにはさすがのボブもショックでした。

「うーん、これはとても面倒なことになってしまったなあ。これですべてを失ってしまうかもしれない。終わりだ。実際、この計画をやってのけることは無理なのだろう。いったい、私は何を考えていたんだろう」

ボブはおびえました。しかし、それでも何本も何本も電話をかけまくり、とうとう頭金なしで売ってもいいという物件を探し当てたのでした。そして、翌朝までに購入申込書にサインをしたのです。

結局、彼は24時間ちょっとで最初の不動産を購入することができました。

勝負に勝ったのです。しかし、ボブは言いました。

「まだ終わってはいないよ。あなたは私に72時間くれたよね。だから、私は3日間の予定で来ているんだ。あといくつ買えるかやってみよう」

この時点で、タイムズ紙の記者は彼の応援団になっていました。いずれにしても、記者の負けは決まっている。ならば、彼の負けが大きくなればなるほど、新聞に掲載する話は面白いものになるからです。

その記者はかつてボブに「やっつけてやる」と言いました。しかし、そのときはこう言いました。

「ヘイ、ボブ。とことんやってみるといいよ。僕をやっつけるんだったら、コテンパンにしてみてよ」

実際、ボブはそうしました。彼は57時間で7つの不動産を70万ドル（8400万円）で購入したのですが、初めに渡された100ドルのうち20ドルを記者に返しました。頭金はたったの80ドルだったのです。

後日、ロサンゼルスタイムズ紙から配信されたこの記事は、全米12の新聞で取り上げられ、それからボブの出世街道が始まりました。彼はすべてをリスクにさらし、その結果、大勝利を収めたのです。彼の著書『ナッシング・ダウン』は１００万部以上売れ、１９８０年代のハードカバー部門ベストセラーランクの11位になっています。

誰でもが富を築ける方法

「もしも高いゴールに到達したいのなら、何らかのリスクは冒さなければならない」

アルベルト・サラザール（1980、1981、1982年のニューヨークマラソン大会の3年連続チャンピオン。現在はナイキのスポークスマン）

ロバート・アレンの成功は、自分の方法が有効であることを証明するために、自ら空中に身を躍らせたことにより得られました。この方法は、地位に関係なく、誰でも富と裕福を自分の手で生み出すことができるということです。ほとんど無一文にもかかわらずサンフランシスコで72時間のうちに家を7軒買うという、驚くべき成功をおさめた後も、マスコミは彼をしつこく追い回しました。ボブのメッセージは、誰でも頭金ゼロで不動産を買えるというものでしたが、マスコミは「もちろん、あなたはできたのだろう。でも普通の人にできるはずはない」と反論したのです。

ボブは私に言いました。

「それで私はマスコミの連中に腹を立て、こう言ったのさ。『失業者の列に向かってだって言ってやるさ』って、口からでまかせ言ってやったんだ。『破産して職がなく、落胆している人を選んで、彼らに2日間のうちに富を築く秘密を教えてあげよう。そして90日で自立させ、5000ドル（60万円）の銀行預金をさせ、再び失業者の列に戻ることのないようにしてあげる』ってね」

実際、ボブはセントルイスに行き、元市長にこのプロジェクトの監督を依頼してから、職業安定所で1200枚のチラシを配りました。そこには「いかにして経済的に自立するかを教えます」と書かれてありました。

用意した会場は当然超満員になるだろうと思い、彼は300脚の椅子を並べました。しかし、実際には50人しか現れませんでした。しかも、どれだけ一生懸命に働かなければならないかということを聞くなり、そのうちの半分が最初の休憩時間中に帰ってしまったのです。

それでも、広範囲に及ぶ面接の結果、3組のカップルが残りました。

ボブはその3組のカップルと仕事をしました。その結果、3組全員が最初の90日のうちに商取引ができるようになりました。しかし、実際に5000ドルの現金を手にすることができたのは、うち1組だけでした。でも、3組すべてが、その年のうちにさらに多くの商取引を行い、いろいろな意味で生活を変えることができました。また、最初の90日間で5000ドルを稼いだ夫婦は、次の12ヶ月で10万ドル（1200万円）以上を稼いだのです。ボブは再び大きなリスクを冒して空中に身を躍らせ、自分の主張を証明し、最終的に彼に批判的だったマスコミを黙らせたのです。

彼はこの経験を『The Challenge』という本にまとめました。それは彼の著書の中ではもっとも成功しなかった本で、６万５０００部しか売れませんでした。でもそれは、彼が自分の名前、住所、電話番号などを記した初めての本だったので、結局はもっとも利益があがる本となりました。なぜなら、４０００人以上の読者がボブの事務所に電話をかけてきて、彼のトレーニングプログラムを受講するために５０００ドルの料金を支払ったからです。合計２０００万ドル（24億円）。悪くない対価でしょう。

法則

16 成功の代償を覚悟しよう

「熟達の域に達するまで、私がいかに一生懸命働いたかを知ったら、人々は私の仕事を素晴らしい仕事とは思えなくなるだろう」

ミケランジェロ（ルネッサンス彫刻家・画家。システィーナ礼拝堂の天井の壁画を描くために、4年間仰向けになって作業した）

すべての偉業の裏には、教育、訓練、練習、規律、犠牲などのストーリーがあふれています。そうした代償を支払う覚悟がなければ、成功は得られません。

その代償は、おそらく目標を追求する間は、それ以外はすべていったん停止にせざるを得ないほどのことでしょう。それは財産のすべてをつぎ込むことかもしれません。あるいは現在の平穏な暮らしを失うことかもしれません。

それでも成功に至るには、さらに多くのことが必要で、なかでも「やるべきことはすべてやる」という強い意志はとても重要です。それは、巨大な挑戦、挫折、苦痛、あるいは障害などに直面したときにあなたを支えてくれるものだからです。

苦痛は一時的だが、利益は永遠に続く

１９７６年夏のモントリオール・オリンピックで、男子体操が世界中の注目を浴びたことを知っているでしょうか。観衆の大声援の中、日本の藤本俊選手がつり輪で、フィニッシュに3回宙返りを完璧に決めて団体の金メダルを獲得したのです。

しかし、そのとき彼の表情は苦痛でゆがんでいました。同僚の選手たちが息を飲む中、藤本選手はほとんど非の打ちどころのない演技で、驚くほど完璧な着地を決めたのですが、実は彼の右《みぎ》膝《ひざ》はそのとき折れていたのです。それは彼の勇気と献身による信じられない結果でした。

この勝利について、のちにインタビューされた藤本選手は、次のようなことを明かしました。彼は、その前の床の演技で膝を怪我していたのです。ところが、競技が進行するにつれ、彼が最も得意とするつり輪で団体の金メダルが決まる展開になりました。

「まるでナイフで刺されたような痛みが体を貫いた」と彼は語っています。

「目には涙が出てきた。でも今、私は金メダルを手にして痛みは消えました」

耐え難い痛みとひどい怪我という迫り来るリスクの中で、藤本選手にとてつもない勇気を与えたものは何だったのでしょうか？　それは「どんな代償を支払っても……」という強い意気込み。それと、オリンピック代表に選ばれるために毎日代償を支払ってきた長い練習の日々だったのでしょう。

練習、練習、練習！

「私がオリンピックチームでマイケル・ジョーダンと一緒にプレーしたとき、能力的に彼とチームの他の選手との間には大きなギャップがあった。しかし、私がもっとも感心したのは、そのマイケルがいつも最初に練習に来て、最後まで残っていたことだ」

スティーブ・アルフォード（オリンピック金メダリスト。NBA選手。アイオワ大学バスケットボールチームのヘッドコーチ）

ビル・ブラッドレーがニュージャージー州の上院議員になる前、彼は優秀なバスケットボール選手でした。彼はプリンストン大学時代、オールアメリカンに選ばれ、1964年のオリンピックで金メダルを取り、NBAではニューヨーク・ニックスでプレーし、バスケットボールの「殿堂」入りを果たしています。彼はなぜ、これだけの実績を残せたのでしょう。理由のひとつに、ハイスクール時代、毎日4時間もの練習をしたことが挙げられます。

ブラッドレーは1996年に書いた回想録『Time Present, Time Past』の中で、自身に課した厳しい練習をこう記述しています。

「チームメートが帰った後も、私は毎日居残り練習をした。ゴールの5方向から、それぞれ15回連続で入れて終わるのが、私のお決まりの仕上げ方だった」

もしも途中で失敗すると、最初からやり直すのです。彼はこの練習を、大学時代もプロになってからも継続しました。

セントルイス・ホークスのイージー・エド・マコーリー氏が開催したサマーキャンプで、次のようなアドバイスをされたときに、彼は人より多くの練習をしようと決心したそうです。

「君が練習をしていないときも、他の誰かは練習をしている。そして、２人が似たような能力だった場合、試合をして勝つのは、その誰かのほうだろう」

ビルはこの言葉を真剣に受け止めました。そして、その厳しい練習が実際に成果を挙げました。ビル・ブラッドレーは、ハイスクール４年間の試合で、合計３０００点以上ものスコアを挙げたのでした。

オリンピック選手が支払う大きな代償

「人生で何かを成し遂げる唯一の方法は、一生懸命にやることだということを、私は学んだ。あなたが音楽家、作家、スポーツ選手、ビジネスマンのどれであってもこの法則を避けることはできない。やれば、勝つ。やらなければ、勝てない」

ブルース・ジェンナー（オリンピック金メダル選手、陸上・十種競技）

ＵＳＡトゥデー紙のジョン・トループ氏によれば、

「平均的なオリンピック選手は、１日４時間、年間少なくとも３１０日以上、そして６年間練習をしている。上達は毎日の練習から始まる。ほとんどの選手は、午前７時までに普通の選手の１

日分以上の練習をする。才能が同じだったら、より練習を積んだ選手は一般的により練習量の少ない選手より優れているし、同じスタート台に立ったとき、より自信に満ちている。オリンピックまでの4年間、グレッグ・ルーガニスは飛び込み競技の各種目を、それぞれ3000回は練習しただろう。キム・ズメスカルは体操競技の規定にあるすべての宙返りを少なくとも2万回やっただろうし、ジャネット・エヴァンスは24万回以上もプールを往復しただろう。練習は効果をもたらすが、易しくはないし、単純なものでもない。水泳選手は平均して、毎日10マイル（約1万6000メートル）を時速5マイル（8キロメートル）で泳ぐ練習をする。そんなに速く思われないかもしれないが、彼らの平均心拍数はその間ずっと160に達するほどハードである」

この本を読んでいるほとんどの人はオリンピック選手になれないでしょうし、なろうとも思っていないでしょう。しかし、あなたが歩むどの分野でも、上達しようと本気で練習すれば、世界的水準にまで到達するでしょう。でも、あなたが選んだ競技がどのようなものであっても、勝つには代償を支払うつもりがなければならないのです。

「勝とうという意志が重要なのではない。それは誰でも持っている。勝つための準備をする意志が重要なのだ」　ポール・〝ベア〟・ブライアント（最多勝利数を持つ大学アメリカンフットボールの監督。6回の全米チャンピオンと13回の南東部選手権を含む、323勝を挙げた）

必要なことは何でもやりなさい

１９８７年、若いジョン・アサラフはカナダのオンタリオ州トロントからインディアナ州インディアナポリスに移住して、当時設立されたばかりのリマックス不動産フランチャイズ会社の共同経営者になりました。

ジョンは自ら犠牲を払う用意ができていました。友人たちがバーで飲んでいる間も、ジョンは自分の夢の実現に向けて頑張って働きました。既存の不動産屋をリマックス社のシステムに加盟するように説得するため、５年間毎日、最低5軒の不動産屋を訪問したのです。

最初はどこもジョンの提案を笑い飛ばし、門前払いにしました。

「なぜ自分たちの利益と評判の一部を放り出して、以前に2度も失敗した新規のフランチャイズに加盟しなければならないんだ？」

それでもジョンは自分の夢に情熱を傾け続けました。やる気旺盛《おうせい》な彼は、当時インディアナ州で一番大きな不動産会社を加盟させようと試みました。当然彼らは、ジョンのことを「頭がおかしいんじゃないか」と思いました。

それでもジョンはしぶとく勧誘し続け、わずか5年後にはジョンと彼の仲間は10億ドル（１２００億円）の売り上げを達成するまでに成長し、交渉で優位に立つようになりました。今日では、インディアナ州のリマックス加盟店は１５００社となり、40億ドル（４８００億円）以上の年間売り上げを達成し、１億ドル（１２０億円）以上のコミッションを稼ぎ出しています。

現在、ジョンは同社から十分に満足のゆく報酬を得ながら南カリフォルニアで暮らしています。そこで2人の息子たちとのんびりと遊びながら、他のビジネスも試し、本を書き、「繰り返し成功する公式」を他の人たちに教えています。

時間をかける

成功のための代償のひとつは、やり遂げるために必要なことは何でもやるという意欲です。それは、何でも、どれほど時間がかかっても、何が起こってもやり抜くという宣言から始まります。それこそ、あなたがまずすべきことなのです。あなたには、自分が希望する結果を実現させる責任があります。言い訳無用。次の実例を見てください。

＊マイケル・クライトンは、エミー賞、ピーボディ賞受賞のテレビドラマ『ＥＲ』の製作者です。彼の著書は30ヶ国語に翻訳され、計1億冊売れ、うち12作品が映画化され、その7本は彼自身が監督を務めています。彼の作品（本と映画）には、『ジュラシックパーク』『アンドロメダ』『コンゴ』『ツイスター』『ウエストワールド』などがあります。彼は著書、映画、テレビ番組が同時に全米ナンバー1になった唯一の人物です。しかし、それほどの才能があるにもかかわらず、彼は今でもこう語っています。

「本は書くのではなく、書き直すものだ。7回も書き直しても腑《ふ》に落ちないときは、まったく受け入れ難いとは思うが……」

＊アーネスト・ヘミングウエイは『武器よさらば』を39回書き直しました。最高を極めたいという情熱的な努力で、後にピュリツァー賞とノーベル文学賞を得ることになりました。

＊M・スコット・ペック氏は『The Road Less Traveled』を書いたとき、前払い印税として5000ドル（60万円）をもらっただけでした。しかし、彼は自分の夢の実現のためにどんな代償も支払う覚悟でした。出版1年目、彼は自分の本を宣伝し、プロモーションするために年間1000回のラジオインタビューに出演しました。そして、その後も12年間にわたり、彼は最低1日1回のインタビューを受けました。その結果、彼の本はニューヨークタイムズ紙ベストセラーリストに540週間（最高記録）も載り、20ヶ国語に翻訳され、計1000万部以上売れたのです。

「才能は食卓塩よりも安い。才能ある人と成功者の差は、努力の量だ」

スティーブン・キング（小説家。多くの著作が映画化されている）

勢いを作り出してみなさい

ケープカナヴェラルからNASAのロケットが宇宙に飛び立つとき、燃料のほとんどは最初に地球の引力を振り切るために使われます。しかし、その後の残りの行程は、ほとんど燃料を使わずに飛ぶことができるのです。

これと同様で、アマチュアスポーツ選手は、最初の数年間はスパルタ式の厳しい練習を続けます。しかし、オリンピックや世界選手権で金メダルを獲った後は、商品の使用契約や広告キャラクター契約、講演、マーチャンダイズ契約やその他多くのビジネスチャンスが舞い込んできます。そうやって少々スローダウンして、過去に築いてきた勢いを財産に、エンジョイできるのです。

ビジネスや他の専門職でも、最初に大きな代償を払って、専門家や高い技術の持ち主として地位を築きさえすれば、その後の人生では楽に実りを刈り取ることができます。

私が講演を始めたとき、誰も私の名前を知りませんでした。しかし、顧客が希望する内容の講演やセミナーを地道に行ううちに、私の評判は次第に高まりました。そして、長年、無料または安い講演料で話をすることで、私は技量を磨き、その間に築いた実績と熱烈な推薦文でいっぱいになったファイルができました。本を書くのも同じです。上達するには何年もかかるのです。

初めに勢いを作り出すことは、成功のプロセスで重要なことです。実際、初めに大きな代償を払うつもりがあれば、残りの人生でその分の利益を楽に刈り取れることを、成功した人たちは知っているのです。

初期の下手くそな時期を乗り切りなさい

経営コンサルタントのマーシャル・サーバー氏はこう言います。

「やる価値のあることは何であれ、初めは下手でも、やる価値がある」

初めて自動車の運転や自転車に乗った日のこと、あるいは楽器を弾くことやスポーツを習ったときのことを覚えているでしょうか。その際に、あなたは最初はうまくできないことを前もってわかっていたはずです。

言うまでもなく、〝初期の下手くそ現象〟はあなたがトライするすべてのことに当てはまります。そこから習熟するまでは、下手くその階段を少しずつ上らなければなりません。

子供たちは、そのことを知っています。

ところが悲しいことに、大人は「失敗したくない」と思うため、下手なことは初めからやりたがりません。そのため、大人は子供たちのような速さでは上達できないのです。

私は40歳になるまでスキーを習ったことがありませんでした。そのため、習い始めはまったくうまく滑れませんでした。でも、何度かレッスンを受けるうちに上達できました。また58歳になるまでピアノを習ったことはなかったので、うまくなるまでに長い時間がかかりました。女の子とのキスも、最初はぎこちなかった。何でも新しい技能を身につけたり、上達する過程は、時に馬鹿のように見えるものです。それでも、自分でも馬鹿馬鹿しいと感じつつも、努力し続ける意志がなければ習熟は得られません。

支払うべき代償は何かを見つけなさい

もちろん、支払う代償が何であるかがわからなければ、それを支払うことはできません。そのため、初期の段階では、目標達成のために必要なステップをきちんと踏んでいるかをときどき調べてみる必要があります。

例えば、何人かでヨットを共同所有する計画を立てたとしましょう。それにはまず費用、経費を調べなければなりません。ヨット一隻購入して近くのマリーナに係留した場合の、毎月のメンテナンス代、燃料費、保険料、ライセンス料などがいくらくらいであり、そのためにはいくら稼がなければならないのか……。

それには、同様の夢を実現させた人たちのリストを作り、彼らが夢の実現の途中でどのような犠牲を払ったか、そして毎月どれほどの経費を支払っているのかを尋ねてみるのが一番です。

いくつかの経費はあなたが思ったよりも多額かもしれない。そのため目標を実現するには、健康や人間関係、あるいは貯金などが危うくなるかもしれません。さらに、すべての要素を吟味する必要があります。その結果、あなたの夢の追求は、あなたの結婚生活、子供たち、生活のバランスなどを危うくすることが判明するかもしれません。あなたにとって何が正しく、どれほどの犠牲を払えるかは、あなたにしか決められません。あなたがやりたいと思っていたことは、長期的視点から見て、実は価値がないのかもしれません。

しかし、もしも価値があると判断したのであれば、その実現のためにすべきことを見極め、それを実行することです。

法則17 欲しければ頼みなさい

「あなたは人に頼み事をしてみるべきだ。私の考えでは、頼むことはこの世で最も強力でありながら、皆から軽視されている〝成功と幸福の秘訣〟である」

パーシー・ロス（たたき上げの億万長者・慈善家）

頼み事をした結果、信じられないほどの富と利益を得た人の例は数多くあります。「頼む」ことは驚くほど、最も強力な「成功の法則」のひとつであり、それでいてほとんどの人がやっていないことです。あなたも、情報の提供や援助、協力、資金などを、他の人に頼むのをためらっていることがないですか。しかし、頼むことはあなたがヴィジョンを達成し、夢を実現するために必要なことなのです。

なぜ人に頼むことを恐れるのか

なぜ多くの人は頼むことを恐れるのでしょうか。「金に困っているように見られるから」とか、「思慮に欠けたように見られるから」「馬鹿に見られるから」といった理由を挙げる人がいますが、本当は頼みを断られるのが怖いからなのです。つまり、「ノー」という返事を聞くのが嫌なのです。

悲しいことに、そうした人たちは最初から自分自身を否定しています。他の人から拒否される前に、自分で自分自身に「ノー」と言っているのです。

私がシカゴ大学の教育学部の大学院生だったとき、20名の学生と一緒に自己啓発のグループに参加したことがありました。講義の途中、一人の男性がある女性に「私に魅力を感じますか」と尋ねました。私はその大胆な質問にショックを覚え、なぜか気恥ずかしさを覚えました。そして、彼女がどんな返事を返すのか、気が気ではありませんでした。しかし、彼女の答えは、「ええ、魅力を感じるわ」というものでした。

彼の成功に勇気づけられ、私も彼女に「私に魅力を感じますか」と尋ねてみました。

「大胆な質問」という、このちょっとした実験の後、数人の女性たちが私たちに言ったことは、「男性が女性をデートに誘うとき、何で怖がるのかわからない」というものでした。彼女たちは言いました。

「私たちが答えるチャンスを与えられる前に、男性は自分自身で〝ノー〟と答えてしまっている。思い切って尋ねてみればいいのよ。私たちは『イエス』って答えるかもよ」

初めから「ノー」と言われると思ってはダメなのです。あなたが必要なもの、欲しいものは何でも頼んでみるくらいのリスクは冒してみなさい。「ノー」と言われても、ダメ元。「イエス」と言ってもらえたら儲けものでしょう。

このように頼んでみなさい

人生で手にしたいもの、必要なものを、誰かに頼むことで手に入れるには特別なテクニックが必要です。マーク・ハンセンと私は、そのことについての本を書いています。その著書『The Aladdin Factor』を読んでもらうのが一番ですが、ここで手っ取り早いコツを教えましょう。

1. あたかもそれをすでに手に入れたかのように、頼みなさい。
なんでも前向きに期待したうえで頼んでみよう。まるですでに頼みをかなえられたかのような立場で頼みなさい。既成事実として、「イエス」という答えが返ってくるものとして頼んでみることです。

2. できると思い込んだうえで頼みなさい。
初めからかなえられないと思ってはいけません。どうせイメージを持つのでしたら、期待以上のものがなかなかえられると思い込むことです。例えば、窓際のテーブル席が予約できるものと思って、レストランを予約しなさい。昇給するとか、差し迫ったチケットでも入手できると思い込んだうえで頼み事をしなさい。自分に不利なことを思ってはいけません。

3. あなたの頼みをかなえらえる人に頼みなさい。
頼む相手を正しく判断しましょう。「これを手に入れるには、誰に相談すべきなのか？」「これについて決定権を持っているのは誰なのか？」といったことを正しく状況判断し、最適の人に頼むことです。

4. 明確で、具体的に頼みなさい。

私のセミナーでは、よくこんな質問をします。

「もっとお金が欲しい人？」

私は手を挙げた1人を選んで、その人に1ドルあげます。

「君は前よりもお金持ちになったよね。満足かい？」

しかし、その人は「いいえ、もっと欲しいです」と返事します。そこで私は25セント硬貨をさらに2～3枚あげて、もう一度尋ねます。

「これで十分かい？」

「いいえ、もっと欲しいです」

「では、いったいいくら欲しいんだい？　もっと、もっとと言い続けるゲームなら何日でもやってもいいが、それでは君が欲しいものは永久に手に入らないだろう」

すると、その人は初めて具体的な金額を示します。そこで私は要求を具体的に行うことの重要性を指摘するのです。あいまいな要求はあいまいな結果を生む。あなたの要求は具体的でなければなりません。それがお金であれば、はっきりとした金額を要求すべきです。

言ってはいけない頼み方：「昇給してほしい」

適切な頼み方：「月額500ドル（6万円）昇給してほしい」

何かをいつからしてほしいというときは、「すぐ」とか「都合の良いときに」などと言わずに明確な日時を言いましょう。

言ってはいけない頼み方：「今週末、あなたと一緒に過ごしたい」

適切な頼み方：「今度の土曜日の夜に、あなたと、夕食と映画をともに楽しみたい。あなたのご都合はいかがですか？」

行動についての要求であれば、その人に何をしてほしいかを具体的に、的確に言いなさい。

言ってはいけない頼み方：「家の仕事も手伝って！」

適切な頼み方：「毎晩夕食の後、あなたに食器を洗ってほしい。そして月、水、金曜日の夜はゴミを出してほしい」

5. 繰り返し頼みなさい。

最も重要な「成功の法則」の1つは粘り強さ、あきらめないことです。あなたの目標達成のために何人かの人に「協力してほしい」と頼めば、そのうちの何人かは「ノー」と言うでしょう。彼らはそれぞれの優先事項や約束などの理由があって協力できないのです。決してあなたのせいではありません。

大成功の途中では多くの拒否や断りを受けて当然、といった心の準備をしておきましょう。鍵はそれでもあきらめないこと。「ノー」と言われても、頼み続けること。なぜか？　たとえ同じ人でも、頼み続ければいつか「イエス」の返事が得られるかもしれないからです。それは例えば、

違う日に、

その人の機嫌がいいときに、

新たにプレゼンテーションすべき新しいデータが入ったときに、
あなたが彼らに対するあなたの責任を果たした後で、
環境が変化したときに、
もっと上手にまとめる方法を身につけたときに、
もっと良い人間関係を築いたときに、
その人があなたをより信用するようになったときに、
景気が回復したときに、
「イエス」の答えをもらえるかもしれないのです。
子供たちはこの「成功の法則」を、多分大人よりもよく理解しています。彼らは同じ人に同じことを何度も何度も、躊躇なくねだり続けます。そして、最終的に大人を疲れさせてしまう。
私は『ピープル』誌で、30回同じ女性に結婚を申し込んだ男の話を読んだことがあります。彼女が何度「ノー」と言っても、彼は求婚し続けた。そして最後に彼女は「イエス」と言ったのです。

説得力のある統計

ノートルダム大学のマーケティングの専門家であるハーバート・トゥルー教授は次のような調査結果を発表しています。

＊44％のセールス担当者は、1回の訪問で営業をあきらめてしまう。
＊24％が2回の訪問で――。
＊14％が3回の訪問で――。
＊12％が4回の訪問で――。

これを合計すれば、すべてのセールス担当者の94％は4回までの訪問でその営業をあきらめています。しかし、訪問販売の成約の60％は、5回以上の訪問でまとまるという統計があるのです。つまり94％のセールス担当者は、成約する営業の60％をその前に放棄しているということです。

あなたには能力があるかもしれません。しかし、粘り強さもなければならないのです。成功のためには、頼んで、頼んで、頼み続けてみてください。

頼むことで失うことはない

成功には、リスクがつきもの。そして、そのリスクの1つに「拒絶されること」「断られること」があり、そのリスクも進んで取ってみなさい。ここにドナ・ハッチャーソンから届いたEメールがあります。彼女は、アリゾナ州スコッツデイルで開催された会社の集会で、私の講演を聞きました。

私と主人のデイルは、1月初めのウルワースでの集会であなたの講演を聞きました。デイルは私の連れとして出席しました。そこで「頼んだり、努力して失うものは何もない」というあなたの講演を聞き、デイルは非常に大きな感銘を受けました。

あなたの話を聞いた後、彼は長年の目標の1つに挑戦することを決心しました。それはフットボールの監督になることです。彼はさっそく4ヶ所の監督募集に応募しました。すると、そのうちの1つ、セブリング・ハイスクールから電話がありました。応募書類を提出するようにとの連絡でした。彼はすぐに書類を提出しましたが、その夜はほとんど眠れなかったようです。

その後、2度の面接を経て、彼は62人もの応募者の中から採用されました。そして本日、デイルはフロリダ州セブリングにあるセブリング・ハイスクールのフットボールチームの監督の職を得ることができました。

あなたのヴィジョンと励ましに感謝いたします。

「お金をくれませんか?」

1997年、21歳のチャド・プレグラックは、1人でミシシッピ川をきれいにする活動を始めました。最初は、20フィートの小さな船と自分の2本の手だけで……。しかし、それ以降、これまでに、ミシシッピ川沿いの1000マイル(約1600キロメートル)以上とイリノイ川沿いの435マイル（約700キロメートル）を清掃して、川縁《かわべり》から100万トン以上のゴミを除去しているのです。

彼は、この間に頼むことのパワーを使って250万ドル（3億円）の資金を集め、彼の〝聖戦〟を支援する4000人以上の協力を得ています。

チャドは、プロジェクトを始めるとすぐにもっと大きなはしけやトラック、重機が必要だと考え、州や地元自治体の担当官に援助を求めました。しかし、すべて拒否されました。でも、彼はそんなことではくじけません。次に電話帳の企業欄を開き、まずアルコア社（アルミ製造の全米最大企業）に電話をかけました。

「それはAから始まる社名だったから」と彼は振り返ります。

自分の夢に対する情熱だけで武装したチャドは、電話口に向かって「トップの人と話したい」と言いました。そして、最終的にアルコア社から8400ドル（約100万円）を受け取ったのです。続いてAの欄からアンホイザー・ブッシュ社（全米最大のビールメーカー）に電話をかけました。

同社の環境福祉担当役員のメアリー・アリス・ラミレスは『スミソニアン』誌の中で、チャドとの最初の会話を回想して、このように書いています。

「お金をくれませんか？」とチャドはいきなり申し込んできました。

「あなたはどなたですか？」とラミレス。

「ミシシッピ川のゴミを片づけたいのです」
「あなたの企画提案書を見せていただけませんか？」
「企画提案書、って何ですか？」

と、こんな調子でしたが、それでもラミレスはチャドを打ち合わせに招き、彼のミシシッピ川美化・復興プロジェクトを支援するために2万5000ドル（300万円）の小切手を渡したのでした。

チャドの資金集めにおいて、テクニックよりも重要なことは、彼の明確な意欲、揺るぎない意志、そのプロジェクトに対する完璧な情熱、そして頼もうとするやる気でした。

結局、頼むことでチャドは必要とするすべてのものを手に入れました。

現在、彼のプロジェクトには弁護士、会計士、企業役員などから構成される理事会があります。そして、数人のフルタイムのスタッフと、何千人ものボランティアがいます。

これまでに彼は、ミシシッピ川、イリノイ川、アナコスティア川、ポトマック川、ミズーリ川、オハイオ川、ロック川などの河川敷を清掃し、100万トン以上のゴミを除去したばかりでなく、すべての川の環境と美化、そしてその責任などを喚起したのでした。

今日から頼み事をしてみなさい

まず、あなたが求めていながらまだ頼んでいないことのリストを、じっくり時間をかけて作成してみてください。そして、それぞれの項目の横に、なぜあなたがまだ頼んでいないのか、その理由を書いてみましょう。また、あなたが恐れている理由。頼まないことでどんな損をしているかも書きます。そして最後に、もしも頼みがかなえられた場合、あなたはどのような利益を得るかも書き出します。

さらに、私が法則3「本当に欲しいものを明確にしよう」で説明した次の7つの目標カテゴリーごとに、頼むべきことのリストを作成してください。「経済面」「仕事と経歴」「レクリエーションと自由時間」「健康とフィットネス」「人間関係」「私的な目標」「社会への貢献」。ここから得られることは、昇給、ローン、元手資金、あなたの成果に対する評価、推薦、支持、セミナー等の訓練を受けるための休暇、あなたの子供たちのベビーシッター、マッサージ、ボランティア企画への援助……等々、たくさんのことがあるでしょう。

法則18 断られても気にしない

「我々は何度でもやり直す。しかも、より強くなって……。どんな拒絶も、我々の意志をくじけさせはしない。我々の意志を強固にするだけだ。成功するには、他に方法はない」

アール・G・グレイブ（『ブラック・エンタープライズ』誌の創設者・発行人）

もしもあなたが成功したいと願うなら、断られること、つまり「拒絶」にどう対応するのか、その上手な対応を習得する必要があります。

それにはまず、人に断られることは、人生においてはごくありふれたこと、「拒絶」は人生のどこにだってあるのだということを覚えておきましょう。

「拒絶」なんて、実は作り話なのだ

「拒絶」を克服するには、その「拒絶」は、実は作り話であると悟らなければなりません。実際は、そんな反応などなかったのです。存在していない。その「お断り」は、単にあなたの頭の中にあった概念にすぎなかったのです。

考えてみてください。もしも女の子を夕食に誘って、彼女に「ノー」と断られた場合、あなたは彼女を誘っても誘わなくても、どちらにしてもひとりで夕食をとったはずです。何も状況が悪化したわけではありません。それを、勝手に内省し、自分自身に余計なことを言ったりすると、あなたの心の状況はひどいことになってしまいます。「ああ、なんてことだ。きっと女の子は誰も僕のことを好きじゃないんだ。僕は世界一ののろまだ」などという具合に……。

また、あなたがハーバードの大学院を受験して不合格になったとしても、受験する前も後もハーバードには行っていないのですから、状況はなんら変わりありません。あなたの人生が悪化、転落したわけではない。前と同じ状態。何も失ってはいないのです。実際、これまでもハーバードに行かないで、あなたはあなたの人生を生きてきたのです。だから、何ともないでしょう。

あなたが頼み事をして、それを断られたとしても、あなたは何も失うものはありません。反対に、何かしら得るものがあるのです。だから、あなたは絶対にどんどん人に頼むべきなのです。

SWSWSW

あなたが頼み事をするとき、次の言葉を思い出しましょう。

「SWSWSW」

これは「Some will（誰かが応じてくれる）, some won't（誰かは応じてくれない）, so what（だからどうなんだ）, someone's waiting（誰かが待っていてくれる）」ということ。つまり、何人かは「イエス」と言い、何人かは「ノー」というでしょう。だから、どうなんだ？　どこかで、誰かがあなたとあなたのアイデアを待っているのです。頼み事とは、単純な「数のゲーム」です。数をこなせば、いずれ正解にたどり着きます。だから、あなたは「イエス」の答えを勝ち得るまで、頼み続ければいい。その「イエス」は、どこかであなたを待っています。私のパートナーのマーク・ヴィクター・ハンセンは好んでこのように言います。

「君が求めるものは、君を求めているよ」

頑張り続けて、最後に「イエス」を勝ち取ればいいのです。

81回の「ノー」と9回の「イエス」

私の「自己啓発と最高のパフォーマンス」セミナーを受講し、人生を劇的に変化させたひとりの女性がいます。彼女はその経験から、セントルイスで予定されていた私のセミナーに出席するように、友人たちに電話で勧誘する業務を買って出てくれました。彼女は自分で1ヶ月間、毎晩3人を勧誘することに決めました。相手がいろいろな質問をするので、しばしば長電話になることもありました。結局彼女は、合計90人に電話をかけ、最初の81人は全員駄目でした。すべて断られたのです。ところが、続く9人は全員、受講を決めました。結局、彼女の成功率は10%。電話セールスにしてはいい割合です。しかし、その9人はすべて、最後の9本の電話で決まったのです。

彼女は最初の50人に断られた時点であきらめて、こう判断することもありえました。

「これでは駄目だわ。もう努力しても無駄。きっと誰も申し込まないわ」

しかし、彼女は自分の人生を変貌《へんぼう》させた貴重な経験を周りの人たちとも分かち合いたいという夢を持っていました。そのため、次々と断られても我慢できました。彼女は、頼み事は「数のゲーム」だということを知っていたのです。彼女の決意は、やがて結果に表れました。そして彼女はその9人が、それぞれの人生を変貌させるのを手伝うことになったのです。

自分の情熱と決意を喚起することに熱中し、経験から学び取りながら最後までやり抜けば、最終的には望みどおりの結果が得られるのです。

「絶対に夢をあきらめてはいけない。忍耐が肝心だ。やめろと言われても努力し続ける意欲と、自分自身への信頼がなければ、あなたは絶対に成功しないだろう」　タウニ・オーデル（作家）

「はい、次！」の法則

成功の秘訣は、成功するまであきらめないこと。誰かに「ノー」と言われたら、あなたはただ「はい、次！」と言えばいい。他の人に頼み続けるのです。

カーネル・ハーラン・サンダース大佐は圧力釜と南部風フライドチキン料理の特別レシピを持って家を出ました。しかし、彼の夢を信じる人に出会うまで、彼は３００人以上に断られることになりました。しかし、彼は３００回以上断られても、何とも思わなかった。その結果、今では世界の80ヶ国で1万1000軒のKFC（ケンタッキーフライドチキン）のお店があるのです。

誰かに断られても、次に頼めばいい。地球上には50億人以上の人間がいることを忘れないことです。誰かが、どこかで、いつか「イエス」と言うでしょう。だから、断られることを怖がったり、腹を立ててはいけない。次の人にトライすればいい。これは「数のゲーム」です。誰かが「イエス」と言うために、あなたを待っているのです。

「こころのチキンスープ」

1991年の秋、マーク・ヴィクター・ハンセンと私は『こころのチキンスープ』の原稿の売り込みを開始しました。我々のエージェントであるジェフ・ハーマンと一緒に、私たちはニューヨークに飛び、アポの取れたすべての大手出版社を訪問しました。しかし、彼らはすべて「興味がない」との返事。原稿を郵送してあった他の20社からも続けて断られました。30社以上の出版社から断られた後、私たちのエージェントは私たちに本を返して、こう言いました。

「すみません。私にはこの本の売り込みは無理です」

そこで、私たちが何と言ったか。

「はい、次！」と言ったのです。

そして我々は既成の方法以外にも頭をめぐらせる必要性に気がつきました。それから何週間も考えた挙げ句、ひとつのいいアイデアを思いつきました。我々はまず、この本が出版されたときに購入を希望する予約注文書を印刷し、住所、氏名、注文部数などの記入欄を設けた注文書を作りました。

それから数ヶ月間、私たちの講演会やセミナーに出席した人たち全員にその注文書を配布し、この本が出版されたら購入しますかと尋ねたのです。

その結果、2万冊分の予約注文が集まりました。

翌年の春、マークと私はカリフォルニア州アナハイムにおける全米書籍販売者協会のコンベンションに出席し、各ブースを訪れ、聞く耳を持つすべての出版社に交渉しました。しかし、私たちの本のニーズを示す予約注文表のコピーを見せても、次々に断られました。

でも、私たちはそのたびに、「はい、次！」と言ったのでした。

2日目の終わりに、私たちはこの本に掲載した最初の30本のショートストーリーのコピーを、ヘルス・コミュニケーションズ社の共同経営者であるピーター・ヴェグソとギャリー・サイドラーに手渡しました。同社は、中毒とその回復に関する本に特化した出版社で、経営は苦しかったようです。しかし、彼らはそのコピーを自宅に持って帰って、読むと約束してくれました。

その週末、ギャリー・サイドラーは原稿を海岸に持って行って読んだそうです。すると、彼は気に入り、我々にチャンスを与えると決心したのです。何百回もの「はい、次！」が実を結んだ瞬間でした。結局、１３０回以上の拒絶の末、この本は８００万部売れ、その後も80冊のベストセラーを生むきっかけになり、39ヶ国語に翻訳されたのです。

例の予約注文書は、私たちの本が出版されたときに、本の紹介文を添えてそれぞれの住所に郵送し、折り返し小切手が届くのを待つことになりました。すると、購入を約束した人はほとんど全員が約束を守ってくれたのです。カナダのある実業家などは１７００冊も買って、自分のお客さんに配ってくれました。

１５５回の拒絶にあってもあきらめなかった

19歳のリック・リトルはハイスクールである講座を始めたいと思いました。感情をコントロールし、対立を上手に処理し、人生の目的を明確にしてコミュニケーション技能の向上や効率的で充実した人生を送るのに役立つ価値観などを学ぶことを、子供たちに教える講座です。彼はその企画書を書き、１５５以上の財団に提案しました。

彼は1年のほとんどを車の後部座席で寝て、ピーナッツバターをつけたクラッカーを食べて暮らしました。しかし、その間も彼は自分の夢を決してあきらめませんでした。そして、最終的にケロッグ財団がリックに13万ドル（１５６０万円）を寄付したのです（それは彼が辛抱した「ノー」1回につき、約１０００ドルと換算される金額です）。

それ以来、リックと彼のチームは、その講座を世界中の3万校以上のハイスクールで実施するために、1億ドル（１２００億円）以上もの寄付金を集めました。そして、年間３００万人の子供たちが、人生において大切な技能を彼の講座で勉強しています。しかしそれは、19歳の青年が断られることを何とも思わず、「イエス」の答えを得るまで頑張ったから生まれたことでした。

1989年にリックは、国際青年財団を設立するために、6500万ドル（78億円）の政府助成金を受けています。それはアメリカ政府史上、2番目に大きな助成額でした。もしもリックが100回目の拒絶であきらめ、自分自身に「これは成功する可能性がないんだ」と言ったとしたら……。それは、世界とリックにとって大きな損失となったことでしょう。

彼は1万2500戸のドアを叩いた

「拒絶は、私には撤退の合図ではなく、『さぁ、立ち上がって、進め！』と耳もとで鳴る進軍ラッパのように聞こえる」

シルベスター・スタローン（映画俳優、脚本家、監督）

イグナチウス・ピアッツァ医師が学校出たての若いカイロプラクターだったころ、彼はカリフォルニアのモントレー湾地区に診療所を開くことを決意しました。そこで地元のカイロプラクティック協会に行ってアドバイスを求めると、「他の土地で開業したほうがいい」と言われました。その地区にはすでに多くのカイロプラクターがいるので、成功は難しいというのです。

しかし、彼の決心はひるむことなく、「はい、次！」の法則に従いました。彼はそれから何ヶ月間も早朝から日暮れまで民家のドアを叩いて回りました。そして、自分はこの町に新しく来た若いカイロプラクターだと自己紹介し、続けていくつかの質問をしたのです。

「私のような診療所は、どこで開業すればいいと思います？」

「みんなに広告を読んでもらうには、どの新聞に出したらいいでしょうか？」

「開業したら、早朝から開けるべきでしょうか？　それとも9時〜5時で勤務する人のために、夜遅くまで開けたほうがいいでしょうか？」

「私の診療所の名前はカイロプラクティック・ウエスト、それともイグナチウス・ピアッツァ・カイロプラクティックのどちらがいいと思います？」

そして最後に、こう尋ねました。

「私が開業したときには、ご案内状をお送りしましょうか？」

それで「イエス」と言われれば、名前と住所を書きとめた。それが毎日毎日、何ヶ月も続きました。最終的には1万2500戸以上のドアを叩き、6500人以上の人たちと話をしたのです。もちろん、多くの「ノー」にもあいました。不在の家も多かった。ブルドッグに吠えられ、半日ポーチで動けないこともあったそうです。しかし、十分な数の「イエス」をもらえたので開業しました。すると、開業後1ヶ月で233人もの新しい患者が来院したのです。彼らは月に何度も治療に来たので「これ以上、カイロプラクターは必要でない」と言われたその地域で、一ヶ月に7万2000ドル（864万円）という記録的な売り上げを挙げたのでした。

忘れないでください。自分が欲しいものを手に入れるには、頼んで、頼んで、頼み込んで、そしてあなたが求める「イエス」に出合うまで、「はい、次！」と言い続けるのです。頼み事は、単なる「数のゲーム」です。特別な問題ではありません。誰でも数を積み上げさえすれば、それなりの結果が出るのです。

有名な拒絶

「私が思うに、この少女の日記は好奇心で読まれる程度のレベルであり、彼女にはそれ以上の特別な才能、あるいは感覚はないようだ」（名著『アンネの日記』に対するある出版社からの拒絶文の一例）

頂点に到達した人でも、最初は「拒絶」に耐えなければなりませんでした。それは、彼らだけの特別な経験でないことを理解してください。

＊アレクサンダー・グラハム・ベルが、ウェスタンユニオン通信会社のカール・オートン社長に、彼が発明した電話の権利を10万ドルで譲ることを提示したとき、オートンはこう答えた。「この電気のおもちゃを、わが社がどんなことに利用できるって言うんだい？」

＊16歳でモデルになったアンジー・エバハートは、モデルエージェンシー会社の社長アイリーン・フォードから、かつて「モデルとしては成功しないだろう」と言われた。「赤毛は人気がない」というのがその理由だった。だが、エバハートはのちに『グラマー』誌の表紙を飾った最初の赤毛のモデルになるなど、モデルとして多くの素晴らしい実績を挙げ、さらに27本の映画と多くのテレビ番組に出演した。

＊小説家のスティーブン・キングは、『キャリー』の原稿をゴミ箱に捨て、あやうく何億ドルもパーにするところだった。彼が原稿を捨てたのは出版社からの拒絶にあって、うんざりしたか

らだ。「こんなネガティブなユートピアを描いたSFに当社は興味がない。売れないよ」と言われたのだ。しかし幸運にも、原稿は彼の夫人がゴミ箱から拾い上げていた。結局『キャリー』は他の出版社から発売されて400万部以上も売れ、映画化もされて大ヒットした。

＊1998年に、グーグルの共同設立者のサージー・ブリンとラリー・ペイジがヤフーにアプローチして、合併を提案した。そのとき、ヤフーは一握りの株を譲渡するだけでグーグルを手に入れることができた。だが、彼らはグーグルの2人に「この小さな学校みたいなプロジェクトをしっかりやって、もうちょっと大きくなったらまた来なさい」と言って帰したのだ。5年後、グーグルは時価総額200億ドル（2兆4000億円）の大企業になった。本書を書いている今（04年）、初めて公募株を発行し、16億7000万ドル（2004億円）を集めた。

「アメリカでは動物の物語の本は売れない。出版は不可能だ」

（ジョージ・オーウェルの『動物農場』の出版を拒絶した出版社の言）

もっとも驚くべき拒絶の数の記録は、多分ジョン・クリーシイでしょう。イギリスの人気ミステリー作家のクリーシイは、最初に本を出版するまで743回の拒絶にあいました。しかし、それだけの拒絶にもめげず、彼はその後の40年間に562冊の長編小説を、28の異なるペンネームを使い分けて出版したのです。

ジョン・クリーシイは成功するまでに743回の拒絶に耐えた。あなただってできるはずです。

法則19 フィードバックは成功の近道

「フィードバックは、成功者たちの朝食だ」

ケン・ブランチャードとスペンサー・ジョンソン（『1分間マネジャー』の共著者）

あなたがいったん、行動を開始すると、あなたがちゃんとできているかどうかのフィードバックが返ってきます。そこには、データ、援助、アドバイス、指示、時には批判も含まれるでしょう。しかしあなたは、それらを参考に常時調整を図りながら、前進することができます。また、あなたの知識、能力、姿勢、人間関係などを向上させることもできるのです。

しかし、フィードバックを得ることは、「成功の法則」の最初のほんの一部分にすぎません。フィードバックを得たら、それに積極的に反応する心構えが必要なのです。

フィードバックには2つの種類がある

あなたが遭遇するフィードバックには２つの種類あります。否定的なものと、肯定的なものです。

※フィードバック＝作業や行為の結果に基づいて現状を検討、適応させること。

一般的に私たちは肯定的なフィードバックだけを受け入れがちです。つまり、好成果、賞賛、昇給、昇進、満足した顧客、賞、内なる充実感などです。それらは確かに気分のいいフィードバックです。私たちが順調に前進し、適切なことをしている証《あかし》です。

他方、否定的なフィードバックは好まない傾向があります。つまり、成果の欠如、お金の不足、批判、低い評価、昇給や昇進で追い越される、苦情、内なる葛藤《かっとう》、痛み……など。しかしながら、否定的なフィードバックの中にも、肯定的なフィードバックと同様に有益なデータがあるのです。それは私たちがコースを外れて間違った方向に向かっているとしたら、そのことを教えてくれるからです。これもまた貴重な情報のフィードバックなのです。

実際、それは非常に貴重なフィードバックであり、あなたが取り組むべきもっとも有益なプロジェクトの一つは、否定的なフィードバックに対するあなたの反応を変えることなのです。私は、否定的なフィードバックを「改善の機会に関する情報」と定義しています。私の行動に対し、世界が、どこでどのように改善できるかを私に教えようとしているのです。だから、私はそこで向上できます。そこで私は姿勢を立て直し、自分の目標により近づくことができるのです。

あなたも、目標により早く到達するために、あなたに向けられるすべてのフィードバックを歓迎し、受容し、包容する必要があります。

フィードバックへの正しい対処法を覚えよう

フィードバックに対処する方法はたくさんあります。そのいくつかは効果的で、あなたを目標により近づけてくれます。しかし、そのいくつかは効果がなく、あなたを現状に留めたり、逆に目標から遠ざけてしまいます。

私が「成功の法則」のトレーニングを行うとき、このポイントをわかりやすく説明するために、聴講生の1人に教室の反対側に立ってもらいます。その人は、私が目指す目標です。私の任務は、部屋の反対側に立っているその彼のところまで歩いてたどり着くこと。私が彼の立っている場所に到達したら、私は目標を達成したということです。

その聴講生には、常にフィードバックを送ってくれるように指示します。私が一歩進むごとに、彼の方向に真っ直ぐ向かっていれば「オン・コース」、少しでもコースから外れたら「オフ・コース」と言ってもらうのです。

私は一歩一歩ゆっくりと、彼のほうに向かって歩き始めます。真っ直ぐに歩を進めると、彼は「オン・コース」と発する。しかし、時に私はわざとコースをはずします。すると、彼は「オフ・コース」と言います。それを受け、私は向きを正すのです。しばらくすると、私はまたわざとコースをはずし、彼の「オフ・コース」というフィードバックに応えて向きを訂正する。何度かのジグザグ前進をした末に、私はゴールに到達し、フィードバックを与えてくれた彼を抱きしめるのです。

そこで私は他の聴講生たちに、「オン・コース」と「オフ・コース」とどちらが多かったかを尋ねます。

ここが興味深いところです。私は実は、「オン・コース」より「オフ・コース」の方を多くしていたのです。それでも、継続的にフィードバックに応じてアジャスト（調整）することで、私は目的地に到達しました。

人生も同じこと。私たちがすべきは、まず行動を起こし、それから得たフィードバックに正しく対応することです。それを勤勉に、あきらめずにやりとおせば、最終的に目標地に到達し、夢を実現できるのです。

間違った対応

フィードバックへの対応はいろいろありますが、まったく効果のないものもあります。

1. へこたれて、やめてしまう。

先ほど紹介したセミナーの演習で、私は自分のゴールに向かって歩くプロセスをもう一度繰り返します。ただし、今度はわざとコースをはずします。そして、フィードバックを発する彼が何度も「オフ・コース」と繰り返すうちに挫折し、私は泣き出してしまうのです。

「私はもうこれ以上は無理だ。人生は難しすぎる。こんな多くのネガティブな批判には耐えられない。もうやめた！」

あなたもこれまで、ネガティブなフィードバックを次々と受け、へこたれたことはなかったでしょうか。それは、結局、同じ場所で立ち往生するということです。

肯定・否定、どちらのフィードバックでも、それは単なる「情報」であると理解しておけばいいのです。そうすれば、ネガティブなフィードバックを受けたときも屈しないでいられるでしょう。それは決してあなたに対する批判ではなく、正しい方向に修正するためのガイダンスだと受け取りましょう。フィードバックは特別なものではありません。それは、あなたを調整するようにデザインされた「情報」であり、あなたをゴールにより早く導いてくれる「情報」なのです。

2．フィードバックの発信源に腹を立てる。

もう一度、私は部屋の反対側まで行き、またわざとコースをはずすように歩きます。すると彼は「オフ・コース」と何度も繰り返す。それに対し、私は腰に手を当て、顎《あご》を突き出し、フィードバックの声の方向を指差してこう叫ぶのです。

「この野郎、くそったれめ！　俺を批判しているだけじゃないか！　ネガティブなことばかりで、もっとポジティブなことが言えないのか」

このように、本来は役に立つフィードバックを与えてくれた人に対し、怒りや敵愾心《てきがいしん》をぶちまけたことはありませんか？　しかし、こうした態度は、フィードバックとそれを与えてくれる人を排除するだけです。

3．フィードバックを無視する。

3番目のデモンストレーションでは、私は途中で両耳をふさぎ、そのまま断固として外れたコースを歩いていきます。彼は「オフ・コース！　オフ・コース！」と何度も叫んだにもかかわらず、私は両耳をふさいでいるため、何も聞こえないのです。

このようにフィードバックに耳を貸さなかったり、無視したりするのは、まったく意味のない反応です。他人の考え方に興味を示さない、独りよがりの人を私たちは知っています。他人が考えていることにまったく関心を寄せない。他人が言うことを聞こうとしない人です。もしも彼らが聞く耳を持てば、フィードバックは彼らの人生を大いに変えるでしょうに……。


私の上級セミナーの3日目には、受講者の誰もが互いに気心の知れた仲になります。そこで私は約40人の受講者全員を立たせ、教室内を自由に動いて、できるだけ多くの人に次の質問をするようにと指示します。

「私には、自己規制しているところがあると思いますか？」

この問答を30分間させた後、各自聞き出した答えを書き留めさせるのです。30分も同じことを訊《き》くのは難しいと思うでしょう。しかし、これは非常に貴重なフィードバックを得られる方法で、この質問を通して自分自身を規制していることに初めて気がつき、その上でそれを成功につながる行為に置き換える機会が得られるので、とても喜ばれます。そして各自、自己規制から脱却するアクションプランを開発するようになるのです。

再度フィードバックは単なる情報だということを覚えてください。自分だけの特別な問題と受け止めてはいけません。だから、それを歓迎し、活用するのです。もっとも賢く、生産的な反応とは、こう言うことです。

「フィードバックをありがとう。あなたが見たり、感じたりしたことをわざわざ私に伝えてくれるほど、私のことを心配してくれていたとは、本当にありがとう。心から感謝します」

フィードバックを自ら求めなさい

ほとんどの人は、自らすすんであなたにフィードバックを与えようとはしません。あなたと同様、フィードバックが対立の原因になるのでは、と考えるからです。わざわざあなたを傷つけたくはない。あなたの反応が怖い。そして、あなたに反対されるリスクを冒したくない。だから、あなたが正直で偏見のない貴重なフィードバックを得るには、あなたのほうからフィードバックを求めていかなければならないのです。それには、フィードバックを言ってくれる人に前もって、否定的なフィードバックでも受け入れるという安心感や信頼感を与えることが大事になります。

一方、家族や友人、同僚に対する有効な質問は、前述の「私には、自己規制しているところがあると思いますか？」というものです。答えを聞くのは辛《つら》いかもしれませんが、ほとんどの場合、非常に貴重な情報が得られるので、最後には感謝することになります。そして、そのフィードバックを武器に、自己規制している部分をより効果的で生産的な行動に切り替えるアクションプランを構築するのです。

あなたにとってもっとも貴重な質問

1980年代に、ある億万長者のビジネスマンがひとつの質問文を私に教えてくれました。そしてそれが、私の人生を根本的に変えたのです。あなたがこの本から得る唯一のことがその質問文だとしても、それはあなたの私的な生活においても、あるいはビジネスライフにおいても、十分な価値をもたらすことでしょう。その魔法のような質問文とは、

「過去1週間（あるいは2週間、1ヶ月、四半期、学期、シーズン）の私たちの人間関係（あるいはサービス、製品）を、あなたは10段階評価で何点くらいに評価しますか？」というもので、私はその変形をいくつも作って、長年役立てています。

「今の会議（課長としての私、親としての私、教師としての私、このクラス、この食事、私の料理、私たちの性生活、この取引、この本）を、10段階評価で何点くらいに評価しますか？」

そして、その答えが10点満点でなければ、次にこう訊くのです。

「では、10点満点にするには、何が必要ですか？」

この質問をすることで、重要な情報が得られるのです。不満であることを知るだけでは不十分。彼らを満足させるものが何かを詳細に知ることが、あなたには貴重な情報となります。それはヒット商品、サービス向上、良い人間関係などを築く上でとても有用です。すべてのプロジェクト、会議、トレーニング、コンサルタントなどの最後を、この2つの質問で終わらせる癖をつけましょう。

毎週の儀式にしなさい

私は妻に対して、毎週日曜日の夜、次のような2つの質問をします。典型的なやりとりはこんな感じです。

「この1週間の私たちの関係は、どのくらいの成績だった？」

「8点ね」

「10点満点にするには何が必要だい？」

「私が『そろそろお願いね』と言わなくても、子供たちをベッドに入れてほしいわ。それから、夕食に間に合うように帰宅して。どうしても遅くなるときは、早めに連絡してね。私はここで気をもみながら待つのが嫌いなの。それから私がジョークを言うときは、黙って聞いていて。あなたのほうが上手に言えると思っても、私が言うのを邪魔したり、先に言わないで。それと、洗濯物を床の上に放っておかないで、専用のバスケットに入れてね」

また、毎週金曜日の午後、私はアシスタントのデボラに同じ質問をします。デボラが入社間もないころ、彼女は私にこう答えたことがありました。

「6点です」

「えっ、6点！　これは驚いたな。じゃ、10点にするには何が必要だい？」

「今週、私のこの四半期の反省会をするはずでしたが、ほかの仕事が多くて、結局できませんでした。それで私は、他の社員ほどあなたに目をかけられていないという思いに至りました。私は、あなたと話すことがたくさんあるのに、軽視されていると感じています。また、あなたは私を十分に使っていないと思います。私は、もっと責任ある仕事がしたいんです。でも、あなたは私に単純な雑用ばかりを押し付けています。私はもっと挑戦したい。今の仕事はつまらないし、興味のないものばかりです。もっと挑戦しなければ、ここでの私の成功はないでしょう」

もちろんこんな話を聞くのは、楽しくはありません。しかし、彼女の言い分は正しいものでした。そのために、その後我々は2つの素晴らしい成果を生み出しました。まず、彼女にもっと重要な仕事を任せた結果、彼女は幸せそうに働き、私と会社のために良い仕事をしてくれました。そして、私には自由な時間がよりできたのです。

「私には何が必要ですか?」

ほとんどの人は、自分を修正させるフィードバックを聞くことは嫌いなようです。しかし、怖がることはありません。真実は真実。真実を知らないより、知っていた方がいい。真実がわかれば、適切に対応することができます。どこが壊れているのかわからなければ、故障を直すことはできません。周囲からのフィードバックがなければ、あなた自身、あなたの生活や人間関係、仕事などの弱点を修正し、向上させることはできないのです。

フィードバックを避けた場合、何が最悪の事態になるでしょうか? それは、あなただけが自分の秘密を知らないということです。普通、人は（あなたに対する）不満があっても、（直接あなたにではなく）自分の伴侶や友人、両親、職場の同僚などに漏らすものです。法則1「自分の人生に全責任を持ちなさい」で述べたように、多くの人は自分の問題を解決しようとするとき、建設的な行動ではなく、文句・不平不満を言いたがるものです。しかも、それを間違った相手に言いたがります。本来、あなたに向かって言うべきなのに、あなたの反応が怖いので言おうとしない。その結果、本来はあなたにとってもっとも有用な情報であるにもかかわらず、あなただけが聞かされないことになってしまうのです。

この状況を正すには、2つの方法しかありません。

1つは、あなたが自ら進んで、積極的にフィードバックを求めること。あなたのパートナー、友人、知人、上司、同僚、得意先、両親、先生、学生、コーチなどにフィードバックを頼みなさい。それも頻繁に聞きだしなさい。自分を修正するためのフィードバックは、常に尋ねる癖をつけることです。

「もっと良くなるには、私は何をしたらいいでしょうか？　あなたから10点満点をもらうためには、私には何が必要ですか？」といった具合です。

2つ目は、フィードバックをありがたいと思うこと。フィードバックに身構えてはいけません。「そんなことまで指摘してくれるとは……。それほどまでに私のことを考えてくださり、本当にありがとうございます」と素直に言いましょう。あなたが本当に感謝したなら、あなたはフィードバックに対してオープンであるという評判が立ち、フィードバックがより集まるようになります。

そうやってフィードバックを求め続けること。そして、集まった中から自分に適切な情報をチェックし、役に立つことだけを選択し、行動に生かすのです。

2～3年前、私の会社がある印刷会社への発注をやめました。より安い価格で、より良いサービスを提供する別の会社が現れたからです。すると、約4ヶ月後に最初の印刷会社の担当者が電話をかけてきました。

「最近、仕事をくださらないようですね。御社の仕事をまたいただくには、どうすればよろしいでしょうか？」

私はこう答えました。

「値段を下げ、予定通りに原稿を取りに来て、製品をきちんと納入すること。それが保証できれば、もう一度、印刷の一部をお宅にお願いしましょう」

最終的に、彼はわが社の印刷の仕事のほとんどを取り戻しました。なぜなら、彼はライバル他社より値段を下げ、それで予定通りに原稿を取りに来て、きちんと仕上げ、納品し、そして平均以上の品質を提供してくれたからです。

これも結局は、彼が最初に「どうすればよろしいでしょうか？」と質問をしたことにより、わが社との継続的な仕事を確保するのに必要な情報を手に入れたからでした。

自分の内側からのフィードバックにも耳を傾けなさい

我々が要求しようがしまいが、フィードバックはいろいろな形で私たちのもとに返ってきます。それは同僚の言葉として届けられるかもしれません。あるいは、役所からの通知かも……。また、銀行から、あなたへのローンを断る通知かもしれません。

さらに、あなたの体や感情、本能が、あなた自身に告げようとするフィードバックにもしっかりと耳を傾けなさい。つまり、自分の内側からのフィードバックです。例えば、あなたの心と体がこう言ってはいないでしょうか？　「この仕事が好きだ。私にぴったりの仕事だ」あるいは反対に、「疲れた。精神的にも疲れ果てている。最初に自分が考えていたよりこの仕事は好きではないようだ」

どこからのフィードバックでも、「黄信号」は無視してはいけません。あなたの勘に逆らっても駄目です。もしもいい感じがしなければ、多分それは駄目なのでしょう。

すべてのフィードバックを精査しなさい

ただし、すべてのフィードバックが役に立つ情報、正しい情報とは限りません。それには、まず最初に、情報源について考査することです。人によっては、心理的に歪曲《わいきょく》したフィードバックを返してくることがあります。例えば、酔っ払った夫が「お前はろくでもねえ奴だ」と怒鳴って発した内容は、いい加減でまったく意味のないフィードバックでしょう。それよりも、夫が酔っ払って、あなたを怒鳴ったという事実に目を向けなければなりません。

また、あなたが受け取るフィードバックのパターンも知るべきです。私の友人のジャック・ローゼンブルームは好んでこんなことよく言います。

「もしも誰かが『あなたは馬だ』と指摘したら、多分その人の頭はおかしい。もしも3人の人が『あなたは馬だ』と言ったら、何か謀略の匂いがする。しかし、もしも10人が『あなたは馬だ』と言ったら、あなたは馬なのだ。自分用の鞍《くら》を買うべきである」

この話のポイントは、10人もの人が同じことをあなたに言ったのなら、多分それは正しいことなのでしょう。抵抗することはありません。心の中では「本当は自分のほうが正しいのに……」と叫びたいかもしれません。でも、そんなときは、「自分が正しいと主張したいのか？　それともより幸せになりたいのか？」「自分が正しいと主張したいのか？　それとも成功したいのか？」と自問してください。答えはわかるでしょう。

また、あなたの家族、友人、異性の友達、職場の同僚、上司、伴侶、得意先、顧客、自分の内側など、フィードバックの送り手の中で、もっとも重視しなければならない相手は誰でしょうか。そして、そのフィードバックには一定のパターンはないでしょうか。そうしたリストを作り、それぞれの横にそれぞれに応じたアクションプランを書き、なるべく早く自らを修正できるようにしておきましょう。

フィードバックで「失敗」を悟ったときの対処法

すべてのフィードバックによって自分が失敗したことがわかったときにも、それに正しく反応し、さらに前進するためにやるべきことがたくさんあります。

1. まず、そのことに対しては持てる知識、技能などを駆使し、ベストを尽くしたと納得しましょう。「十分には取り組まなかったから……」といった言い訳は厳禁です。

2. あなたには、まだ未来もやる気もあるのです。すべての結果に対し、正面から取り組むことができると自認しましょう。

3. その失敗の経験から学んだことをすべて書き留めておきましょう。あなたの意見や教訓もすべて書き留め、「意見と教訓」という題名のコンピュータ・ファイルや日記に保存しておくこと。そして、そのファイルをしばしば読み返すことです。また、あなたのチーム、社員、得意先、その他の関係者にも、彼らがそれぞれ何を学んだかを尋ねること。私はしばしば社員に対し、「私は次のことを学んだ」というタイトルで、彼らに5分間で考えつくことをすべて書き出させています。その後で、さらに「次回、改善すべきポイント」というリストも作成させています。

4. フィードバックや意見を寄せてくれた人全員に感謝しなさい。たとえそれがライバルであっても、彼らがフィードバックを返してくれたのは、彼らの対抗心や恐怖心の表れであって、あなたを無能と考えたり、人柄を嫌ったからではありません。フィードバックをくれた人には、ひたすら感謝すること。自分の失敗を弁明したり、自己正当化したり、責任転嫁することは、誰にとっても時間の無駄です。「失敗」を指摘するフィードバックを素直に受け入れ、将来に向かって応用できることは応用し、貴重な部分だけを使い、残りは捨てればいいのです。

5. 失敗の結果、生まれたゴタゴタはすべてきれいに清算しなさい。必要な謝罪や後悔の表明を含め、その件を終結させるに必要な会合はすべて行いましょう。また、自分の失敗を隠すこともいけません。

6. その後で、じっくり時間をかけて、自分が成功したときのことを思い出してみましょう。そうすれば、これまであなたは失敗よりも、成功のほうが多かったことに思い当たるはずです。それはとても重要なことです。あなたはこれまで、間違い以上に、正しくやってきたのです。

7. 人脈を編成し直しなさい。あなたのことを愛してくれる友人、家族、同僚とより時間をかけ、前向きに付き合いなさい。彼らはあなたの価値や貢献度を再確認してくれるでしょう。

8. あなたの人生の目標を再度、確認しなさい。そして、失敗から新たに学んだ教訓を取り入れ、あなたの元々のプランを再確認することです。あるいは新たな行動プランを策定して、次の実行に移りましょう。どちらにせよ、人生のゲームに参加し続けること。そして、あなたは自分の夢の実現に向けて前進し続けるのです。もちろんこれからも、その途中で多くの失敗をするでしょう。それでも、また立ち上がって、再び歩み出せばいいのです。

法則 20 毎日のわずかな努力が大差を生む

「私たちは、永遠に学び、成長し、発展しようとする欲望を生まれながらにして持っている。私たちは今より良くなりたいと思う。常にたゆまぬ向上の習慣を持てば、私たちは無限の成功と満足に満ちた生活を送ることができる」

チャック・ガロッツィ（自己啓発の提唱者）

「人々は私のことを完全主義者と呼ぶが、そうではない。私は〝正当主義者〟だ。私は何でも〝正しい〟状態になるまで遂行し、それから次のことに移る」

ジェームス・キャメロン（アカデミー監督賞受賞者。『タイタニック』や『ターミネーター』シリーズの監督）

日本語で、絶えざる向上を意味する言葉が「カイゼン（改善）」です。これは現代の日本企業が実践する経営哲学であるばかりでなく、古来の武士の哲学でもありました。そしてそれは何百万人もの成功者の個人的信条にもなっています。

ビジネス、スポーツ、芸術などの成功者は、皆、絶えざる向上に努めています。あなたがより成功したいのなら、自分に向かって次のように問い続けることを覚えてください。

「どうやったらもっと向上できるだろうか？　もっと効果的にできないだろうか？　もっと利益

を上げることはできないだろうか？」

もっと情熱的に

今日の社会では、その変化のペースについていくだけでも、ある程度の個人的向上、進歩が必要です。毎月のように新しいテクノロジーが発表され、新しい製品や言葉が生まれています。個人の生活においても社会制度や健康など、学ぶことがつぎつぎと現れます。従って、現代社会で社会人として生き残るだけでも、向上は欠かせないのです。

それ以上、成功者たちのようにさらなる成長を欲するなら、向上に対してもっと情熱的な取り組みが必要になります。

少しずつの向上に努めなさい

あなたが持つ技能を向上させようと思ったら、あなたの日ごろの行動や家庭生活、仕事などから変えていかなければなりません。

たとえそれが小さな、取り組みやすいところからのスタートであっても、長期的に続ければ成功の可能性が大きくなります。

ところが、多くのことを一気に向上させようとすると、あなたは押しつぶされてしまうかもしれません。せっかくの努力が、すべて無になることもあります。そうなると、あなたが望んだ成功は、「不可能」とは言わないまでも、「困難」なものと思い込むようになります。

反対に、小さくても、確実に達成できるステップから踏み出せば、あなたは簡単にマスターできるでしょうし、その結果から「向上」は簡単なのだという信念を強固にすることでしょう。

「より良くなることをあきらめた人は、絶対に向上することはできない」

オリバー・クロムウエル（イギリスの政治家・軍人。１５９９〜１６５８年）

人生における真実のひとつは、大幅な改善には時間がかかるということです。それは決して一夜では起こせません。しかし、今日、多くの製品やサービスが迅速に〝完璧〟を目指しているため、いつの間にか、私たちもすぐに満足が得られることを期待するようになりました。半面、そうならない場合には落胆も大きくなってしまうのです。

しかし、毎日何か新しいことを少しずつ学び、毎日ちょっとずつでも向上しようと決めて努力すれば、時間はかかっても、最終的には目標に到達するでしょう。

熟達には時間がかかります。練習に練習を重ねなければなりません。常に試し、洗練させることで、能力を磨くのです。技、洞察力、知恵などを成熟させる、深く幅広い経験をするにも長い時間を要します。

だからといって、大きなチャンスが巡ってきたときに準備不足のまま、ごまかすことは避けましょう。その日のために、宿題はきちんと済ませ、あなたの技能を磨いておきなさい。俳優はいつ大役のチャンスが巡って来てもいいように、いろんな役ができるよう準備しておかなければならない。一流のバスケットボール選手は、利き手ではない手でのシュート練習をしたり、試合中はあまりないフリースローや3ポイントシュートの練習もしなければならない。アーティストはいろいろなメディア（媒体）を試します。飛行機のパイロットは、フライト・シミュレーターでさまざまな緊急事態に対処するトレーニングを行います。彼らはみんな、絶え間ない向上を心がけてるのです。

毎日、すべての面で、向上し続ける努力をしなさい。そうすればあなたは自分が向上しつつあることから、自らに自尊心と自信が持てるはずです。成功は、その後から必ずやってきます。

「一流」との差は20打数で1本

大リーグでは野手のレギュラー選手でも、その打率は、多くは2割5分程度です。つまり、4打数でヒット1本ということ。打率2割5分で守備が上手であれば、ほぼ常時試合に出られるでしょう。しかし、3割、つまり10打数でヒット3本打てばスター選手になれます。シーズンを通じて打率3割を達成できるのは、メジャーリーグでも何百人中わずか20人ほどです。彼らは一流選手として表彰され、何百万ドルもの年俸契約を結び、多くのコマーシャル契約を手にすることができます。

しかし、考えてみてください。一流選手と平均的な選手との差は、20打数でたったヒット1本の差なのです！　つまり、2割5分の選手は20打席でヒット5本ですが、3割バッターは同じ20打数でヒット6本です。たとえ、100打数に換算しても、その差は5本です。これは驚くべきことではないでしょうか。プロ野球の世界で〝一流〟とそうではない選手の差は、20打数でたった1本の差なのです。「グッド」から「グレート」にレベルアップするには、ほんのちょっと多くの実績があればいいのです。誰もが努力で埋められる差でしょう。

法則21 毎日スコアをつける

「あなたは、自分がより欲しいと思うものをよく吟味しなさい」

チャールズ・クーンラッド（『The Game of Work』の創設者）

子供のころ、あなたの親は数ヶ月ごとにあなたの背の高さを測ってくれたのでは？　それは、将来の目標（たいがいは親の背丈）に向かって、どこまで近づいたかを視覚的に教えてくれました。そして、目標の身長にまで伸びるよう、食事をきちんと摂《と》り、ミルクを飲むようにあなたを仕向けてくれました。

成功者たちも同じように計測の習慣を持っています。彼らは、欲しいと思うことに関しては、何でも記録し続けています。

チャールズ・クーンラッド氏は彼の画期的な著書『The Game of Work』の中で、「記録をつけることが、より前向きの結果につながる刺激を私たちに与えてくれる」と書いています。成果をもたらした行動において、その記録をつけることで、さらなる強化、成長がなされるのです。

思い出してください。あなたは生まれたときから、なんであれ自分のスコアを伸ばすことに一生懸命になったはずです。あなたの私的、あるいは仕事上の目標を成就させる過程において、スコアを記録することができれば、その数字が向上するほどにどれだけやる気が増すことか、十分に想像できるでしょう。

ポジティブなことをスコアにしよう

私たちは、幼いころ、大事なことをスコアにつけては、大喜びしたものです。例えば、なわとびの回数、集めたビー玉の数、野球で打ったヒットの数など、自分にとって大事な成果を喜んで数えました。ここで重要なのは、例えば野球で記録につける打率はヒットの数であって、凡打の数ではありません。私たちは、ほとんどの場合、自分にとって良い結果の数を数えてきました。なぜなら、それこそがより手にしたいと願う対象だからです。

ハイ・パフォーマーズ・インターナショナルのマイク・ウォルッシュ氏が利益率を高めたいと思ったとき、実際の契約登録者の数だけではなく、そのために社員がお客に何回電話をかけたか、お客と何回面談を行ったか、そしてその面談のうち、いくつが契約に結びついたかなどの数字を記録し始めました。すると、その実績記録のお陰で、マイクは6ヶ月間で39％の増収を実現することができたのです。

タイラー・ウィリアムスがジュニア・バスケットボール・リーグに入団したとき、彼の父親で『Management of Obvious』の共著者でもあるリック・ウィリアムスは、若者のスポーツにおけるネガティブな反応をなんとか払拭《ふっしょく》しようと決心し、「親のスコアボード」というものを作ってタイラーのチームへの貢献ポイント（失敗でなく）の記録をつけることにしました。

彼は息子がチームの勝利に貢献する7つのポイントを集計しました。得点、リバウンド、アシスト、スチール、ショットブロック等々、ポジティブなプレーをするたびに、リックはタイラーにポイントを加点したのです。監督が記録するスコアは主に得点とリバウンドですが、リックによるタイラーのスコアボードには、ゲームの中で行った事実上すべてのポジティブなプレーに対してポイントが加えられたのです。

やがてタイラーはタイムアウトのたびに父親のもとに来て、自分が貢献したポイント数をチェックするようになりました。また、試合後、家に戻ると、タイラーは自分の寝室に行き、自分の進歩の度合いを壁に貼ったグラフに書き込みました。タイラーは自分で作成したグラフで、どのポイントが向上したかを一目で知ることができるようになりました。

シーズンが進むにつれ、彼のグラフの線は徐々に上昇していきました。こうして、彼は監督や父親から厳しい指摘を受けることなく、上達することができたのです。また、その過程をエンジョイすることもできました。

個人的なことでもスコアづけができる

もちろん、スコアを記録する対象はビジネスやスポーツ、学業に限りません。あなたの私的生活にも応用できます。『ファースト・カンパニー』という雑誌の2000年5月号で、サン・マイクロシステムズ社の創業者でＣＥＯのヴィノド・コースラ氏はこう述べています。

「自分自身のバッテリーを充電する方法を知っていることは素晴らしい。しかし、それを実行することは、もっと重要だ。私は、家族と夕食を一緒に食べられるよう早い時間に帰宅できた日数を記録している。私には7歳と11歳の子供がいて、彼らと一緒に過ごすことで、やる気が湧《わ》いてくるのだ。

あなたの会社はそれぞれ大事な事項を数値管理しているでしょう。私たち個人もそれぞれの大事な事項を数値管理すべきだ。私は毎週約50時間を仕事に費やす。しかし、放っておけば１００時間費やすのもたやすい。だから、いいところで切り上げて、子供たちと夕食をともにできる時間に帰宅することにしている。そして、私は彼らの宿題を手伝ったり、一緒に遊んだりする。私の目標は、毎月少なくとも25日は夕食前に帰宅することだ。こうした数値目標を持つことは重要だ。同業者で毎月5回夕食前に帰宅できればいいほうだという人を知っている。それでも、私は彼らより生産性が劣っているとは思わない」

今日からスコアを記録しよう

まず、あなたのヴィジョンを示し、その目標を達成するために、どんなスコアを記録する必要があるかを確認しましょう。

できれば、あなたの人生のすべての分野でスコアを記録するように！　経済的側面、仕事、学校、レクリエーション、娯楽、健康、フィットネス、家族、友人関係、私的な目標、社会への貢献……。そして、あなたのスコアを、他の人も簡単に見えるところに貼っておくようにしなさい。

法則 22 あきらめない

「ほとんどの人は成功寸前であきらめてしまう。彼らはゴール手前1ヤードでプレーをやめてしまうのだ。ゲームの最後、勝利のタッチダウンの1フィート手前であきらめてしまう」

ロス・ペロー（アメリカの億万長者で、元大統領候補）

粘り強さは、おそらく大成功者にもっとも共通する資質でしょう。彼らはあきらめるということを絶対にしない。しぶとく続ければ続けるほど、有利なことが起こる可能性が増すからです。どれほど困難に見えることでも、長く我慢すれば、あなたの成功の可能性は増大するのです。

辛抱して困難を乗り切った人が成功者

ときにあなたは、障害に直面し、辛抱をしなければならないことがあるでしょう。その障害とは目に見えないものであり、どれほど予想、予測をしてもしきれるものではありません。またときには、まったく勝ち目のない状況に遭遇することもあります。そのときには目標に対するあなたの決意のほどが試されることでしょう。それを乗り越える過程は確かに苦しい。でも、あなたはあきらめないはずです。それどころか、その過程であなたは新しい教訓を学び、新しい何かを育《はぐく》み、より困難な事態でも的確な決断を下せるようになるのです。

「歴史上のほとんどの有名な勝者は勝利に到達する前に、必ず心がくじけそうな障害に遭遇している。それでも彼らは敗北を納得しなかったので、勝利したのだ」

B・C・フォーブズ（『フォーブズ』誌の創刊者）

XM衛星ラジオ局（有料ラジオ局）のヒュー・パネロ社長は、企業経営における驚くべき献身と忍耐の良き例と言えます。

彼は2年もかけて、GMやヒューズ・エレクトロニクス、ディレクTV、クリアチャンネル・コミュニケーションズなどを訪ね、自社に投資することを説得しました。しかし、世界最大の有料ラジオ局を作ろうというパネロ氏の夢は、その最終局面で頓挫《とんざ》の危機を迎えました。2001年6月6日の深夜までに、融資の契約が締結されなければ、それまでの投資家たちが資金を引き揚げると宣言したからです。疲労困憊《こんぱい》の交渉のなか、多方面との駆け引きの結果、パネロ氏とギャリー・パーソンズ会長は時間切れ寸前で2億2500万ドル（270億円）の融資を取り付けることに成功しました。

ところが、それから間もなく、今度はXM社の2億ドル（240億円）もする衛星の打ち上げが発射11秒前で急遽《きゅうきょ》中止となったのです。エンジニアがコンピュータ画面に映った情報を見間違えたからでした。そのため、次の発射まで2ヶ月も待たされることになりました。

しかし、パネロ氏はそうしたトラブルにもじっと耐え、２００１年9月12日に、１０１チャンネルの番組を放送するＸＭラジオをスタートさせることになりました。ところが、その前日の9月11日の朝、テロリストたちがニューヨークのワールドトレードセンターを襲ったのです。パネロ氏は開局パーティを延期。また、ラップ歌手が「林立する高層ビル群をロケットで行く」と歌うＸＭ衛星ラジオのテレビＣＭも中止せざるを得ませんでした。

社の幹部たちはパネロ氏に、開局をもう1年延期することを勧めました。しかし、最終的にパネロ氏は自分の夢を押し通し、わずか2週間後に営業を開始したのです。

彼にはたくさんの障害や延期といったトラブルがありました。それと比較したら、私たちの〝困難〟など色あせてしまいます。今日、ＸＭは衛星ラジオの業界で圧倒的優位に立ち、１７０万人の契約者が毎月受信料を払って、コマーシャルのない68チャンネルの音楽放送と33チャンネルのスポーツ、トーク、コメディ、子供向け番組、娯楽番組、交通、気象情報などの放送を楽しんでいます。そして株価は、上場当初の12ドルから25ドルにまで上昇しています。

5年間辛抱した末の成功

デビー・マコーマーが作家になるという夢を追求すると決めたとき、彼女は借りもののタイプライターをキッチンテーブルの上に置き、毎朝、子供たちが学校に行った後、執筆に励みました。

そして、夕方、子供たちが帰宅すると、タイプライターを片付け、夕食を調理し、彼らが寝ると、またそれを引っ張り出して少しの時間、タイプを打つという生活を続けました。

2年半、デビーはこれを繰り返したのです。

ところがある夜、夫のウエインが彼女に言いました。

「申し訳ないが、君は収入をまったく得ていない。このままでは、生活が続かない。僕の収入だけではやっていけないよ」

彼女の心は傷つきました。その夜、彼女の頭の中にはいろんな思いが浮かび、なかなか眠れませんでした。彼女は真っ暗な寝室の中、じっと天井を見つめていました。デビーはわかっていたのです。家事をして、4人の子供たちをスポーツクラブや教会、ボーイスカウトなどに連れて行ったうえで、毎週40時間のパート仕事をすれば、彼女には執筆の時間はまったくなくなることを……。

彼女の気配を感じ取った夫が起き上がり、尋ねました。

「どうしたんだ？」

「私、本当に作家になれると思うの。本当にそう思うの」

ウエインは長い間黙っていましたが、やがて座り直し、部屋の明かりを点《つ》けて、こう言いました。

「わかったよ。やってみなさい」

デビーは自分の夢と台所のタイプライターのもとに戻り、それからさらに2年半の間、何百枚もの原稿を書き続けました。彼女の家族は長期休暇もとれず、お金にも困り、着るものは誰かのお下がりとなりました。

　しかし、その犠牲と忍耐が最終的に報われたのです。計5年間の苦労の末、デビーは最初の本を出版することができました。そして、2冊目。そして、次の本……。デビーは現在までに100冊以上の本を出版し、その多くがニューヨークタイムズ紙のベストセラーになり、うち3作が映画化されました。合計で6000万部以上売れ、今や何百万人もの熱心なファンがいます。

　一方、夫のウエインは……。妻を支えるために果たしたすべての犠牲が報われました。彼は50歳で仕事を辞め、今は7000平方フィート（約650㎡）の豪邸の地下室で本物の飛行機を組み立てています。

　また、デビーの子供たちは、夏に2～3回キャンプに行くよりもはるかに素晴らしいプレゼントをもらうことができました。デビーは彼らに「それぞれが、それぞれの夢を追求することを認め合い、応援すること」の大切さを教え、彼らはそのことを心から理解しています。

　デビーには、まだ夢があります。それは彼女の本のテレビ番組化とエミー賞受賞、そしてニューヨークタイムズ紙のベストセラーリストの第1位になることです。それらを実現するために、彼女には決まった時刻表があります。毎朝4時30分に起床して聖書を読み、日記を書く。それから6時までプールを何往復か泳ぎ、7時30分までにオフィスに入ってメールの返事を書く。午前10時から午後4時の間は執筆し、毎年3冊の本を――自らの規律と忍耐をもって――出版するようにしているのです。

あなたも自分の心に従い、たとえどんなに厳しい日課でもそれをこなし、あきらめずに努力を続ければ、果たしてどんな素晴らしいことが達成できるでしょうか。

あきらめないで得た成功の実例

「忍耐と強固な意志だけあれば、全知全能になれる。『やり続けろ』という言葉が、これまでも人類の諸問題を解決してきたし、今後も解決するだろう」

カルヴィン・クーリッジ（アメリカ合衆国第30代大統領）

以下は実話です。

*ロバート・ピアリー提督は北極点到達に7回失敗し、8回目にようやく成功した。

*NASA（航空宇宙局）は宇宙ロケットの発射実験を28回行い、うち20回は失敗した。

*オスカー・ハマースタインは、ミュージカル『オクラホマ！』を上演するまで5つの失敗作を製作した。それらは合計でも6週間しか上演できなかった。だが、『オクラホマ！』は269週間上演され、700万ドル（8億4000万円）の売り上げを記録した。

*トーニー・オーデル女史の経歴は、長い忍耐の末に作家になった証拠である。彼女は13年間で6つの小説を書いたが、いずれも出版されず、300通の出版お断りの手紙を受け取った。し

かし、２０００年1月にようやく、最初の小説が出版された。そして、オプラ・ウインフリー（テレビのトークショーの名キャスター）がその本をある読書クラブのために推薦すると、ニューヨークタイムズ紙のベストセラーリストの第2位になり、計8週間もランクインした。

絶対にあきらめてはいけない

ベトナム戦争当時、テキサス州の億万長者であるロス・ペロー氏は、ベトナムで捕らえられたアメリカ人捕虜全員にクリスマスプレゼントを贈ることを決心しました。評論家のデイビッド・フロスト氏によれば、ペロー氏は何千個ものプレゼントを梱包《こんぽう》させ、ベトナムに送る準備をしたそうです。そして、それを北ベトナムのハノイに運ぶため、ボーイング７０７機を数機チャーターしました。ところが、ちょうど戦闘が激しくなった時期だったため、ハノイ政府は協力することを拒否したのです。ハノイの政府高官によれば、アメリカ軍の爆撃機がベトナムの村を爆撃している間は、捕虜へのチャリティは不可能ということでした。

「ならば、アメリカの建設会社を雇って、アメリカ軍が破壊したものをすべて再建する」とペロー氏は申し出ました。

でも、ハノイ政府は受け入れようとはしませんでした。

クリスマスが近づきます。だが、荷物はまだ送られない。

しかし、あきらめることを知らないペロー氏は、チャーター機をまずモスクワに向かわせました。そして、彼のスタッフたちがモスクワの中央郵便局で荷物を1個ずつベトナムに送る手配を行ったのです。そうやって彼のプレゼントはすべて無事届けられたのでした。

その後、ペロー氏はビジネスでさらなる大成功を収めましたが、その理由は……、わかるでしょう。彼は夢を途中で断念することを、まったく許さない人だからです。

法則 23 成功をもたらす「5の法則」

「成功とは、小さな努力を毎日積み重ねた集積である」

ロバート・コリアー（ベストセラー作家。『The Secret of the Age』の著者）

マーク・ヴィクター・ハンセンと私が最初の『こころのチキンスープ』を出版したとき、私たちはこれをベストセラーにしようと張り切りました。そして15人のベストセラー作家に指導とアドバイスを仰ぐことにしました。ジョン・グレイ氏（『ベスト・パートナーになるために』の著者）、バーバラ・デアンジェリス女史（『本当に好きな人とめぐり逢う本』の著者）、ケン・ブランチャード氏（『一分間マネジャー』の共著者）、M・スコット・ペック氏（『平気でうそをつく人たち』の著者）など。私たちは、彼らから何をどうすべきかについて、たくさんの情報をいただきました。

次に我々は、ダン・ポインター氏に会いました。彼は出版とマーケティングの権威で、さらに多くの重要な情報を示唆してくれました。

それから私たちはジョン・クレマー氏の著書『1001 Ways to Market Your Book』を購入して読みました。

　でも、それらが終わると、私たちは自分たちがやるべきことの多さに圧倒されたのです。本当のことを言うと、少々頭がおかしくなるほどでした。講演やビジネスの仕事もたくさんかかえており、どこから取り掛かったら良いのかわかりませんでした。

毎日必ず5つずつ事をこなそう

　そこで私たちは、尊敬する先生のロン・スコラスティコ氏にアドバイスを求めることにしました。すると、彼はこう言ったのです。

「大きな木の根元で、鋭い斧《おの》を毎日5回振り下ろし続ければ、その木がどんなに大きくても、最後は切り倒せる」

　なんと単純で、なんという真実なのでしょう。彼の言葉をヒントに、私たちは「5の法則」を作りました。目標成就のために、毎日必ず〝5つずつ〟事をこなすということです。

　まず、私たちは『こころのチキンスープ』をニューヨークタイムズ紙のベストセラー第1位にする目標を立て、毎日5つのラジオ・インタビューをこなし、書評を書いてくれそうな雑誌の編集者たちにレジメを毎日5通送り、無店舗販売の流通業の会社5社に毎日電話をかけて「セールスマンにやる気を起こさせるために購入してもらうこと」を頼んだり、少なくとも5人に対してのセミナーを開催してその部屋の後ろで本を売るなどしました。また、住所録に載っている著名人5人に本を贈呈した時期もありました。送り先は、ハリソン・フォードやバーバラ・ストライザンド、ポール・マッカートニー、スティーブン・スピルバーグ、シドニー・ポワチエなどでした。

その結果、私はシドニー・ポワチエに会うことができました。それは彼からのリクエストでした。また、後でわかったのですが、テレビ番組「Touched by an Angel（天使に触れられて）」のプロデューサーがその番組制作の全関係者に、心を落ち着けるために『こころのチキンスープ』を読むよう指示してくれたこともあったそうです。

我々はO・J・シンプソン裁判の陪審員全員にも送りました。すると、1週間後に、ランス・イトウ裁判長から感謝の手紙が届きました。「裁判の間、世間から隔離され、テレビを見ることも新聞を読むことも許されない陪審員たちのことを考えてくれて、とても感謝する」という内容でした。そしてその翌日、4人の陪審員がこの本を読んでいるところがマスコミにキャッチされ、結果的にこの本の貴重なPRになったのでした。

また、私たちは書評担当者に電話をし、プレスリリースを配布しました。トークショーに電話参加したり（午前3時ということもありました）、講演の際に何冊かを無料で配ったり、牧師の説教の題材にしてもらおうと送ったことから教会で無料講演を行ったり、サイン会をさせてくれる書店があればどこでもやりました。さらに、社員向けに大量に購入してくれそうな企業に売り込み、陸軍基地のPX店に置いてもらえるよう交渉したり、セミナー会社のカタログに載せてもらうように頼んだことも、カタログの一覧表を買ってふさわしいところに扱ってもらえるよう依頼したことも、またギフトショップやカードショップに行ってこの本を取り扱ってくれるように頼み、ついにはガソリンスタンドやパン屋さんやレストランにもこの本を売ってもらうように交渉しました。それは大変な努力でした。少なくとも毎日5つのことを連日、それも2年以上やり続けたのでした。

努力を継続するとどんなことができるか試してみよう

「5の法則」は実践する価値があったか？　答えは「イエス！」です。なぜなら、我々の本は最終的には39の言語で出版され、８００万部以上売れたからです。

では、それは短期間にできたのか？　その答えは「ノー！」です。ベストセラーになったのは、発売の1年後でした。１年後の成功となったのは、「5の法則」を2年以上も続けたからです。ひとつひとつ時間をかけてこなしていったら、ひとりの読者が次の誰かに紹介するといった、ゆっくり広がるチェーンレターのようにして評判が広まり、その結果の大成功となったのです。『タイム』誌では「この10年間の出版界における異常現象」と紹介されました。しかし、これは〝継続努力〟による現象です。何千もの個々の行動が１つの大きな成功につながったのです。

あなたの目標を達成するために、例えば今後40年間、毎日5つのことを少しずつやり続けたら、あなたはいったいどんなことを実現できるでしょうか？

もしも毎日5ページ分の原稿を書いたら、７万３０００ページの本ができます。それは３００ページの本の２４３冊分です。もしも毎日5ドルずつ貯金したら、７万３０００ドル（８７６万円）にもなり、世界一周旅行が4回できます。もしも毎日5ドルを年利６％の複利で40年間投資すると、30万５０００ドル（３６６０万円）ほどの富が築けます。
「５の法則」。小さいけれどかなり力強い法則だとは思いませんか。

法則 24 相手の期待をちょっと上回れ

「最後に追加した1マイルは混雑していない」

ウエイン・ダイアー（『How to Get What You Really Really Really Want』の共著者）

あなたは常に最後におまけの1マイルを追加し、最初の約束以上のことを履行するタイプでしょうか。最近は珍しいのですが、期待されたこと以上、あるいは約束した以上のことをすれば、その他大勢よりもいい立場に立つことができます。そのことを知っているのが大成功者の特徴です。成功者はほとんど習慣的に「もうちょっとやってあげよう」とします。そうやって最後に少しの努力を加えることで、より多くの経済的報酬が得られるだけでなく、個人的変革（成長）も経験できますし、より大きな自信と自立心、周囲への影響力を持つことができるのです。

もう1マイル余計に進みなさい

シアトルに本社を置くディラノス・コーヒー・ロースター社は、コーヒー豆を焙煎《ばいせん》し、全米のほとんどの州でコーヒーショップ相手にコーヒー豆を販売しています。ディラノスの社是は、

「人々を助け、友人を作り、人生を楽しもう」というものです。同社にはさらに6つの基本的価値観があり、それが全社員の行動指針となっています。彼らはそれらの指針を守ろうという思いが強く、全28人の社員は社内会議の最後に、必ずそのリストを声を合わせて読み上げます。そして、その第2項にあるのが「〝おまけの1マイル〟のサービスを提供し、お客様が期待する以上のものを常に差し上げよう」です。これが意味するのは、彼らは顧客のひとりひとりをまるで自分の最高の友人のように、〝おまけの1マイル〟を与えたい相手として接するということです。

1997年、彼らの〝友人〟の1人であるマーティ・コックスはカリフォルニア州ロングビーチに4軒の「イッツ・ア・グラインド・コーヒーハウス」を所有していました。彼らの平均的な取引先のうちの1社でしたが、マーティは将来に大きなプランを持っていました。そして、ディラノスの創設者であるデイビッド・モリス会長は、その〝友人〟が大きな夢をかなえるのを手伝ってあげたいと思っていました。

ディラノスではコーヒー豆の配送をUPSに依頼していました。1997年、そのUPSがストライキを行ったのです。そのためマーティの会社は危機的状況を迎えました。ビジネスの生命線であるコーヒー豆が届かないからです。

シアトルからロングビーチまでどうやって届けたらいいのだろう。ディラノスは郵便局という選択肢を考えましたが、周囲の情報によれば、郵便とフェデックスは既に過密状態とのこと。彼らは納品が遅れるリスクだけはどうしても避けたかった。そこでモリスは自らトレーラーを借り、1週間分のコーヒー豆、800ポンド（約360キログラム）を積んで、片道17時間かけてマーティのもとに届けたのでした。翌週も、同じようにして自らの手で配送しました。

こうしてモリスは、〝おまけの1マイル〟精神で2往復、2320マイル（約3700キロメートル）もの距離を運転し、マーティを確かな得意先にしたのです。それから6年もたたないうちに、マーティのお店は9つの州で計150軒も営業するフランチャイズ店に急成長。マーティは今やディラノスの最大の得意先となりました。1マイル余分に走ったことが、大きな実を結んだのです。

ディラノスは1992年当時、毎月200ポンド（約90キログラム）のコーヒー豆を1600平方フィート（約149㎡）の部屋で25ポンド（約11キログラム）用のロースター1台で焙煎する規模の会社でした。しかし、すべての得意先に、〝おまけの1マイル〟のサービスを行った結果、今では年間100万ポンド（45万キログラム）以上のコーヒー豆を2万6000平方フィート（約2415㎡）の工場で、800ポンド（約360キログラム）の焙煎機2台で焙煎し、1000万ドル（12億円）以上の売り上げを挙げています。そして、3年で倍増の成長率を今も維持しているのです。

メールルームから4年後にプロデューサーに

「もしもあなたがもらう給料以上に働く意志があれば、最終的にあなたは働いた以上の給料をもらうことになるだろう」（出所不明）

テレビプロデューサーで脚本家のスティーブン・J・キャンネル氏（前出・69ページ）が2００人もの社員を抱えていたころ、彼の会社では映画学校の優秀な新卒者を採用し、最初にメールルーム（郵便物の仕分け、配送の業務を行う）などの雑用仕事をさせていました。すると、彼らが時給7ドル（８４０円）の初任給や残業の多さなどについて不満を口にするのを聞き、キャンネル氏はこう思いました。

「こいつらは何もわかっちゃいないな。今やっている雑用仕事や安い給料、そして私の会社に勤めていることでさえ、彼らの人生においては些細《ささい》な問題だということを……。彼らは今の経験をとてつもなく素晴らしい踏み台にできるのに、お金など目先の利益で文句を言っている。私のメールルームでどんな時間と努力を費やすかで、この先、彼らの人生がどのくらいのレベルまで到達できるかが決まることを、まるでわかっていない」

そんなある日、キャンネル氏は風変わりな新人の噂を耳にした。その男は40歳の、元ロックバンドのドラマーで、それまでは年収10万ドル（１２００万円）以上も稼いでいたそうです。しかし、妻が妊娠したため、巡業の多いバンドを辞め、キャンネル氏の会社で最低賃金の仕事をすることにしたのです。

「例の新入りに会ったかい？」と皆が噂しました。

やがて、誰もが彼の仕事に対する取り組み方、やる気あふれる勤務態度を話題にするようになりました。その男、スティーブ・ビアーズはいつも〝おまけの１マイル〟精神でサービス仕事をするとても積極的なタイプの人間でした。

ある日、そのビアーズが代理でキャンネル氏のリムジンの運転手をすることになりました。そのときにビアーズは、キャンネル氏が「数日後に迫ったパーティ出席のためにスーツをクリーニングに出さなければならない」と口にするのを聞きました。

翌日、キャンネル氏がリムジンに乗り込むと、車内にクリーニングから戻ってきたスーツが吊《つ》り下がっていることに気がつきました。不思議に思ってわけを尋ねると、ビアーズはこう答えたのです。

「昨日、奥様からお預かりしてクリーニングに出しておきました」

秘書の1人が「小切手をすぐに銀行に持っていかなければならない」と言うのを聞くと、彼は自分の昼休み時間を返上し、その仕事を買って出ました。また、メールルームの同僚の若者が、その夜デートの約束をしていたのに夜中に某俳優宅まで原稿を届ける仕事を割り当てられたことに腹を立てていると、ビアーズは「私が届けてあげるよ」と申し出ました。

それで残業代を要求したり、自分の仕事ぶりを自慢することもありません。

あるとき、キャンネル氏の会社の2人のプロデューサーが同時に、新しいテレビ番組の共同プロデューサーにビアーズを推薦しました。それにはキャンネル氏は諸手《もろて》をあげて賛成し、「21ジャンプストリート」という番組を担当させることにしました。メールルームからの大抜擢《ばってき》です。

さらに、それから1年後、キャンネル氏はビアーズを同番組のプロデューサーに昇格。続いて同番組と「ブッカー」の共同製作総指揮者に任命し、年収50万ドル（６０００万円）を与えたのです。

「彼は作家ではない」とキャンネル氏は言いました。

「また製作総指揮者としての技量もまだないが、ひとつだけ他とは違うものを持っている。彼には一生懸命に働こうという意欲があり、その点では他の誰よりも優れている。そして、この番組製作で彼がどんな姿勢と情熱の持ち主か、はっきりとわかった」

「21ジャンプストリート」の共同製作総指揮者になって以降、ビアーズは多くの番組をプロデュースしました。その中にはスティーブン・スピルバーグ監督のSFミニシリーズ「テイクン」も含まれています。ビアーズは現在、ショータイムの人気番組「デッド・ライク・ミー」の共同製作総指揮者です。

スティーブ・ビアーズをメールルームから頂点に、時給7ドルから年収50万ドルまでに引き上げた「成功の法則」は何だったのでしょう。彼は〝おまけの1マイル〟に足を延ばし、みんなの予想や期待を超える努力をいとわなかったのです。

あなたも〝おまけの1マイル〟に足を延ばし、もう少し余分の努力を払い、もう少し多くのサービスを提供すれば、どんなことが成就できるでしょうか。現在のあなたも、より積極的に行動することでより多くの価値を提供し、余計にものを届け、頼まれた以上のことを行える環境にあるのでは？　もしそうなら、ではあなたに〝おまけの1マイル〟に足を延ばすだけのやる気はあるでしょうか？

期待される以上のことを与えなさい

マイク・ケリー（前出：172ページ）が初めてマウイ島に行ったとき、彼は数ヶ所のホテルで観光客に日焼けローションを売ることにしました。のちにマイクはその島でいくつものビジネスを成功させるのですが、当時の彼は顧客のためにいつも〝おまけの1マイル〟をサービスしていました。

そのころ、彼が扱っていた商品の1つに日焼けを癒すアロエ・ジェルがありました。彼はビーチに来た観光客にそのジェルを見せては、こう尋ねました。

「アロエのことをご存じですか？」

1980年代、ほとんどのアメリカ人はアロエを知りませんでした。

「ご存じないのなら、これから採ってきてお見せしましょう」

彼はホテルのビーチを出て、海に突き出た大きな岩に生えているアロエの葉を切り、それを細かく切り刻んでジェリー状にしました。そして、それを持って先ほどのお客さんのもとに戻り、彼らの日焼けした肌に塗ってあげたのです。すると、彼らはマイクの〝おまけの1マイル〟の努力に感激し、ほとんどがジェルを購入したのです。

あなたが今取り組んでいることで本当に秀でたいなら、学校、ビジネス、そして人生で大成功をしたいなら、必要とされる以上のことを行い、常に期待以上の何かを提供することです。その

〝おまけの1マイル〟ができる会社は、顧客から尊敬とロイヤリティ（確かな愛顧）、推薦をかちとることができます。

マイク・フォスターがコンピュータ店を経営していたとき、彼は顧客に購入した部品をそのまま持っては帰らせませんでした。彼はコンピュータ、プリンター、モデム……、その他のどんな部品も自分で配達し、配達先で2時間かかってもセットアップし、完璧に作動させ、最後に使い方を教えてあげていました。そうすることでマイクの店は、テキサス州デフスミス郡のコンピュータ販売で圧倒的なシェアを築きました。

ハーヴ・エカーが運動器具を売っていたとき、彼はそれを配送してセットアップし、その器具の正しい使用方法を顧客に教えるという売り方をしていました。するとハーヴの会社は急成長し、彼は2年間で財産ゼロから億万長者になりました。

もしもあなたが儲けだけを考えたら、期待された以上のことを無料で提供することは「不当」と思うかもしれません。しかし、そうした努力は最終的に認められ、それに見合った報酬や評価が得られるものだと信じなさい。高い評価が得られれば、それはあなたのもっとも貴重な資産の1つになるのです。

私が知っているロサンゼルスのカー・ディーラーは、毎週土曜日すべての顧客の車を無料で洗車しています。顧客の誰もが期待していなかったサービスなので、それは大感激されます。そして、誰もがそのサービスにどれほど満足したかを、周囲に話してくれるため、結局彼は何も宣伝しなくてもたくさんの新規顧客を獲得することができるのです。

いますぐ〝おまけの1マイル〞を歩みなさい

「フォーシーズンズ」という名前は、驚くべき高サービスと同義語です。このホテルチェーンは常に〝おまけの1マイル〞を行っています。たとえばホテルのスタッフにこれから訪ねる場所までの道順を尋ねると、彼らは丁寧に教えてくれるだけでなく、実際にそこまで案内してくれます。彼らはすべての顧客を王様のように扱うのです。

ダン・サリバンがこんな話をしてくれました。ある父親が娘をサンフランシスコに週末旅行に連れて行ったのですが、彼は——母親が毎日やってあげている——娘の髪の編み方がわかりませんでした。そこで、彼は宿泊するフォーシーズンズのフロントに電話をかけ、助けてくれるスタッフはいないかと尋ねました。すると驚いたことに、「そうしたサービスを担当する女性スタッフがいます」という返事が返ってきたのです。ホテル側は、そういった依頼がいつあってもいいように前もって準備をしていたのです。これが〝おまけの1マイル〞ということでしょう。

優れたサービスで有名なもう1つのホテルチェーンにリッツ・カールトンがあります。シカゴのリッツ・カールトンホテルに前回宿泊したとき、私が到着すると、机の上にチキンヌードルスープを入れたポットが置いてありました。そして、そこに小さなメモが付けてありました。「ジャック・キャンフィールド様のための〝体のチキンスープ〞」

さらに支配人からの素晴らしいカードもあって、そこには彼と彼のスタッフが『こころのチキンスープ』を読んで大変に感銘を受けたと書いてありました。

ノードストロームも〝おまけの1マイル〟に足を延ばすことで知られているデパート・チェーンです。ノードストロームの社員たちは常に素晴らしいサービスを提供しています。同社の販売員たちは、仕事からの帰りに顧客宅に商品を届けることで知られています。

また、ノードストロームは何でもいつでも返品できることを経営方針にしています。もちろん、その方針は顧客に乱用されることもあります。しかし、それでもこの営業方針のお陰で、ノードストロームは高品質のカスタマーサービスをするという非常に高い評判を得ているのです。それは同社が厳格に守っているブランドイメージの一部であり、その結果、非常に高い利益率を維持しています。

〝おまけの1マイル〟に足を延ばし、期待される以上のことをしてフォーシーズンズ、リッツ・カールトン、ノードストロームのような世界的レベルの存在になりましょう。そして、それは今すぐに始めましょう。

法則25 さあ、始めよう！

スタートするのに、完璧なタイミングというものはありません。もしもあなたが占星術に凝っていて、結婚したり、店をオープンしたり、新製品を発売したり、コンサートツアーを始めたりするのに縁起の良い日を星占い師に尋ねてみたいというのなら、それもいいでしょう。それは私も理解できます。しかしその他のすべてのことにおける最高の戦略は、ただちにスタートすることです。

あなたが講演の講師になりたいというのなら、地元の奉仕クラブや学校、教会のグループなどに無料の講演会を申し出なさい。その講演の日程が決まれば、講演内容をリサーチし、原稿を書くというプレッシャーがあなたを後押しすることになります。それが大変であれば、トーストマスターズ（スピーチ能力などコミュニケーション技術を磨くサークル）の会員になったり、スピーチの講座を受講すればいいでしょう。

レストランビジネスを始めたいというなら、さっそくレストランに就職してそのビジネスの勉強を始めなさい。シェフになりたいのなら、料理学校に入学しなさい。今すぐに行動を起こし、すべきことを始めなさい。始動する前に、すべてを知っておく必要はありません。まず、ゲームに参加すること。必要なことはやっているうちに覚えるものです。

もしもあなたがもっと細かなトレーニングが必要だというなら、適当な講座を探して、受けなさい。あるいは、あなたが希望するステージに到達するには、コーチや助言者が必要かもしれません。もしそうなら、そうした相手を探しなさい。不安ですか？　それでもとにかくやってみることです。扉を開ける鍵は、まずスタートすること。完璧な準備が整うまで待つ、などということはやめなさい。絶対にそうはなりません。

私は社会に出て、最初にシカゴのハイスクールの歴史教師になりました。その初日、私の出来は完璧な教師からはほど遠いものでした。教室のコントロール、適切な規律の設定、ずる賢い生徒に騙《だま》されない方法、生徒のごまかしへの対処法、やる気のない生徒をやる気にさせる方法などについて、学ぶべきことがたくさんありました。それでも私は、とにかくスタートしなければなりませんでした。そして、教えていく過程で、それらすべてのことを学んだのです。

人生のほとんどは、ＯＪＴ（実際に働きながらの教育訓練）です。本当に重要なことは、実際に行いながらでしか学べません。あなたが行動を起こせば、実際に効果のあること、ないことなどに関する、有益なフィードバックが得られます。間違ったり、うまくできないことを心配するあまり、何もしなければ、そのフィードバックは得られません。当然、あなたは何も改善できないでしょう。

私の初めてのビジネスとなった「個人と組織開発のためのニューイングランド・センター」という、地域の避難所にも会議場にもなる施設を立ち上げるとき、私は地元の銀行に融資を依頼しました。最初に訪れた銀行は、「ビジネスプラン」を作る必要があると言いました。私はそれが何であるか知らなかったので、ビジネスプランの書き方の本を買いました。一度書き上げて、銀行に持参しました。すると彼らは、私のプランには多くの漏れがあると指摘してくれました。それが何であるかを尋ねると、彼らは教えてくれました。家に戻り、書き忘れたり、不明確だったり、説得力がない個所を加筆訂正して、プランを書き直しました。それから再度銀行を訪問。ところが今度は、プランそのものはいいが、融資はできないとの返事でした。それなら、どこかこのプランに資金を貸し出してくれそうな銀行はないかと、彼らに尋ねました。すると彼らは、いい反応がもらえそうな銀行をいくつか教えてくれました。私は再び銀行巡りをしました。すると、それぞれでさらに多くのフィードバックが得られ、私は自分のプランとプレゼンテーションの質を高めることができ、最終的に必要だった2万ドル（240万円）の融資を獲得したのでした。

マーク・ヴィクター・ハンセンと私が初めて『こころのチキンスープ』を出版したとき、大きな無店舗販売会社にまとめ買いしてもらうのがいいアイデアだと考えました。彼らのセールス担当者に対し、自分たちの夢を信じ、リスクを背負いながらも、セールスでさらに大きな成功を収めることを動機づける内容なので、会社がこの本を買い上げてセールス担当者たちに配布したり、買わせたりできるだろうと思ったのです。それで、無店舗販売の業界団体から加盟している会社の全リストを入手し、その中の大きな会社の販売担当役員に売り込みの電話をかけました。

しかし最初は何度かけても、販売担当役員につないでもらえませんでした。また、何人かには「興味ないね」と断られました。途中で電話を切られたことも何度かあります。しかし、しかるべき決裁者に取り次いでもらうことが次第に上手になり、その本の潜在的メリットをきちんと理解してもらった結果、いくつかの会社から大量注文をもらうことができました。そのうちの2〜3社はこの本を非常に気に入ってくれて、彼らの全国販売会議の講師として私を指名してくれたのです。

営業の電話をするときに、恐怖心があったかって？　はい。最初、自分が何をしているのかわかっていたかって？　いいえ。本を大量に売るなんて、それまでしたことはありません。だから私は、トライしながら学ぶしかなかったのです。でも、もっとも重要なことは、私はとにかく行動を始めたということです。私は助けになりたいと思っていた人たちとコミュニケーションを取り、彼らの夢、憧れ、目的が何かを理解し、彼らが自分たちの目的を実現させるのに私たちの本が助けになるかもしれないと考えたのです。そしてとにかく、私はリスクを背負い、リングの中に飛び込んだ結果、すべてが進展し始めたのです。

あなたも、今いるところから望むステージにあなたを連れていってくれる行動をまず始めることです。

私が開拓した道を利用して

「千里の道も一歩から」

中国の古いことわざ

成功の鍵は、この本であなたが学んだ（または再認識した）ことを身に付け、実際に行動に移すことです。一度にすべてを成し遂げることはできませんが、始めることはできます。この本には多くの法則が書かれています。しっかりしないと、少々圧倒されるかもしれませんが、まずはこうすればいいのです。

法則1に戻り、それぞれの法則を一度にひとつずつ、順番どおり実行してみてください。つまり、「自分の人生に全責任を持ちなさい」「人生の目的を自覚しよう」「本当に欲しいものを明確にしよう」……と、各法則で書かれていることを実行してみるのです。あなたが賢明なら、誰かにパートナーになってもらうよう頼むでしょう。または、これらの初期的なステップを一緒に実践するグループを作るかもしれません。

日々、あなたのもっとも重要な目標に対して行動を起こすことです。必要なことは何でもするという代償を払い、拒絶されることを恐れずに必要なことは何でも頼み、フィードバックを求めてそれに応じ、絶えず向上する努力をして、どのような障害にも負けないようにしなさい。そうすれば、あなたは自分の大きな目標の遂行に向かって走り出したことになるのです。

もちろん、ここに書いたすべてをすぐにやることはできません。しかし毎日少しずつでも前進すれば、時間とともに、まったく新しい習慣と自己規律を構築できるでしょう。何でも価値あるものを得るには、時間がかかることを覚えておいてください。一夜のうちに成功するなんていうことはありません。この本に書いたすべての法則を学び、実行するには、私も何年もかかりました。私もいくつかはマスターしていますが、残りは今でも習得中なのです。

あなたも時間はかかります。でも、私ほど時間をかける必要はありません。私はこれらすべての法則を自分自身で何年もの時間をかけて、いろいろなところから導き出さなければなりませんでした。私はそれらすべてをひとつの大きな包みにくるんで、こうしてあなたに届けたのです。私が先に踏み出し、開拓した道を利用してください。あなたに必要なことはここに記されてあり、あなたを次のレベルに連れていってくれます。

あなたには、本書でカバーできない特殊な状況や職業、経歴、目標など、個別の事情を考慮する必要はあると思います。しかし、この本にはあらゆるビジネスで成功するのに必要な基本的法則はすべて網羅しています。あなた自身、さっそくスタートすることを義務づけて、あなたの人生の夢を創造することに着手してください。

プリセッション効果を信じて

科学者であり、発明家、そして哲学者でもあるバックミンスター・フラーは、人間の行動において、何かを始めることから起こるプリセッション効果（当初解決しようとしたことよりも大きな意味を持った、予期できない出来事が起こること）について述べています。フラーは、ミツバチを例にとってこの効果のことを説明しています。ミツバチの主な作業目的は、蜂蜜《はちみつ》を作るための蜜集めです。しかし花の蜜を求めるうちに、ミツバチたちは意図せずして、もっと大きな役割を果たしているのです。つまり、花蜜を求めて花から花へ飛び回ることにより、ミツバチの足などに花粉が付き、結果として地球上に咲く多くの花の受粉を助けています。これはミツバチが花蜜を求める行動から生まれる、彼らが意図しない副産物です。

　あなた自身が水上を進むモーターボートだと思ってください。あなたの前進する力によって一連の波が起こります。人生もそのようなものです。あなたの横や後ろに、あなたが自分の目標に向かって進む限り、あなたはプリセッション効果を引き起こし、あなたが当初考えたり、目標としたものより、はるかに重要な結果をもたらすのです。あなたが事を起こすだけで、未知なるチャンスがあなたの前や横に広がるのです。

　私が知っている裕福な成功者たち（私の親しい友人やこの本のためにインタビューした70人以上の成功者たち）は、彼らの人生で成し遂げた成果がどのような順序で起こるかなど、予定もなければ、推測もできなかったでしょう。彼らは最初、すべて夢のプランからスタートしました。しかし彼らがスタートすると、すべての物事が意外な方向に展開していったのです。

　私自身の例を紹介しましょう。マーク・ヴィクター・ハンセンと私は、我々の1冊目の著書である『こころのチキンスープ』が、北アメリカをはじめ、世界中の多くの国々で人気を博し、ベストセラーになるなどとは思ってもみませんでした。また、著書『動物たちの贈りもの―こころのチキンスープ』からペット愛好家のためのブランドが誕生し、一連のペットフードやグリーティングカード、テレビ・ラジオ番組、その他多くの媒体のコーナーを私たちが担当することになるなど、考えも及びませんでした。これらすべてのことは、まず1冊の本を書き、読者の皆さんの役に立とうと決心したことから、自然に展開したことでした。

　デイブ・リニガーがデンバー最大の不動産代理店を辞め、自分で代理店を始めようと決心したとき、30年後に彼の会社、リマックス社が全米最大の不動産代理店になり、世界50ヶ国で9万2000人のエージェントを抱え、数十億ドル規模のビジネスに成長するとは夢にも思いませんでした。ドナルド・トランプが最初のビルを建てたとき、ゆくゆくはカジノ、ゴルフ場、リゾート施設、ミスUSAコンテスト、そしてアメリカのテレビ局でもっとも人気のある視聴者参加型の番組などを持つことになろうとは、思いもよりませんでした。彼はただ立派なビルを建てたい、と思っただけです。その他のことは、すべて途中から始まったのです。

カール・ターチャーは最初、ロサンゼルスのダウンタウンで、移動式ホットドッグスタンドを始めました。それで小金ができたので、彼は次々とスタンドを買い増し、とうとうレストランを買うまでになりました。そして、そのレストランが後に「カールズ・ジュニア」（アメリカのハンバーガー・チェーン）へと発展したのです。

ポール・オーファリアは地元の学生たちのためにコピー店を1軒オープンしたとき、それが後に1800軒以上のキンコーズのチェーンになり、最後には1億1600万ドル（約140億円）で売却できることになろうとは、まったく考えもつきませんでした。

これらの人たちは全員、始めた当初は考えられる最高の目標と詳細なプランを持っていたかもしれません。しかし成功するたびに、新たな可能性が目の前に開けていったのです。あなたが行きたい方向に狙いを定めてスタートを切り、前進を続ければ、あらゆる種類の未知なるチャンスがそこから生まれることでしょう。

願っていたプロデューサーに会えた

『こころのチキンスープ』がベストセラー入りすると、出版社から続編の打診がありました。また、「チキンスープのレシピを載せた料理本を作る気はないか」という提案もいただきました。しかし、それは1冊の本にするには、あまりにもテーマが狭いように思えました。一般に、人はいったい何種類のチキンスープのレシピを必要とするでしょうか。それでも、料理本を書くというアイデアには興味を覚えました。私たちの親しい友人の1人、ダイアナ・フォン・ウェラネッツ・ウエントワースは料理本で賞を受賞したことがある人で、なんでもいいからユニークなことをすることに自分の人生を捧《ささ》げる人でした。そこで著名な料理本の著者である彼女に加え、有名人、シェフ、レストラン経営者などが書いたストーリーと、それに関連したレシピが載った本という構想が浮かびました。私たちは、さっそくダイアナにそのような内容の本づくりに協力してくれないかと依頼し、食事にまつわる感動的なストーリーと、その食事のレシピ集を一緒になって集めたのです。

このプロジェクトの最大の魅力は、ダイアナが、それぞれのレシピがきちんとしていて、美味しい料理になるように、実際に料理してくれたことです。そのため、マークと私は2週間ごとにダイアナの自宅に通い、実際に試食をしながら、何百ものストーリーとレシピの中からどれを本に採用するかを選択しました（このプロジェクトの間、私は減量のことはすっかり忘れていました）。

　1年後、私たちが集めたすべてのストーリーはテレビ番組の格好の題材になるのではないかと思いいたりました。マークと私はトークショーやニュース番組で自分たちの本のPRインタビューを受ける他は、テレビ業界とのつながりはまったくありませんでした。ネット局のプロデューサーやディレクター、編成部長などに知り合いはいません。しかし、テレビこそが私たちが次に開拓すべきステップだという確かな感触を持ちました。それで、『こころのチキンスープ』のテレビ番組製作を我々の目標のリストに加え、テレビ版「チキンスープ」をアファメーションし、それをヴィジュアリゼーションし始めると、2週間もしないうちにダイアナから電話があり、こう私たちに言ったのです。

「ねえ、ヴィン・ディ・ボーナさんにご紹介しようと思っていたの。彼は『爆笑ホームビデオ集』のプロデューサーなのよ。以前、私がやっていた料理番組の製作をやってくれた人なの。『こころのチキンスープ』をテレビ番組にしないかって言ったら、興味を示すかもしれないわよ」

　ダイアナの紹介で、私たちはヴィン・ディ・ボーナ氏と彼の会社のロイド・ワイントラウブ副社長のアポを取ることができました。そこで、ロイドが『こころのチキンスープ』の大変なファンだということがわかりました。そのために彼がその会議を取り仕切り、このアイデアをヴィンに強烈に売り込んでくれたのでした。1年後、私たちは16週分の番組を製作し、それをパックスTV、そして後にABCで放送しました。番組にはジャック・レモン、アーネスト・ボーグナイン、マーティン・シーン、ステファニー・ジンバリスト、テリー・ガー、ロッド・スタイガー、チャールズ・ダーニングなどが毎週交互に出演してくれました。

いったんあなたが動き出し、結果を出し始めると、あらゆることが次々と起き始め、あなたが想像したよりも、はるかに早く、あなたを高い目標に導いてくれるのです。

オリンピックの夢がプロの講演講師に進展

前出のルービン・ゴンザレスが冬季オリンピックに3回出場するという彼の夢を実現したあと、彼はテキサスの自宅に戻りました。すると、隣に住む11歳のウイル少年が「うちの小学校に来て、話をしてくれる約束をしてたよね」と催促に来ました。ルービンがウイルの通う5年生のクラスに行き、彼がオリンピックの夢を達成するためにやってきた努力の話をすると、ウイルの担当教師が「もう一度全校生徒の前で話してもらいたい」と言ってきました。それでもう1時間とどまって、２００人の全生徒に話をしたのです。

彼の話が終わると、数人の教師が「生徒たちに話をしてくれる講師にときどき来てもらうが、あなたの話がどの講師よりもはるかに良かった」と称賛してくれました。そして、「あなたは講師としての生まれつきの才能がある」とも言ってくれたのです。この反応に気を良くしたルービンは、さっそく地元・ヒューストンの他の学校にもコンタクトしてみました。すると、とても多くの講演依頼が取れたために、彼はコピー機のセールスマンの仕事を辞めることにしました。

それから6月まではすべてうまく行ったのですが、学校が夏休みになると秋まで講演依頼は入りません。そこで、ルービンは自分と妻の生活のために、地元企業に講演の営業の電話をかけることにしました。その結果、彼は少しずつダラス周辺の財界に足がかりができ、聴く者を非常にやる気にさせてくれる彼の講演の評判は高まり、ついにルービンの仕事は大飛躍を遂げたのです。そして、2年もたたないうちに、ルービンは以前のコピー機のセールスマン時代の年収分を2ケ月で稼ぐまでになりました。

ほとんどの人が知らないスポーツであるリュージュ競技で世界35位になったことが、世界的な講演者になるきっかけになったのです。しかしそれは、ニューヨーク州レイクプラシッドの全米オリンピック・トレーニングセンターで、時速90マイル（約144キロメートル）で氷のコースを落下していたときには、まったく予想もできないことでした。これこそ、バックミンスター・フラー氏が指摘したプリセッション効果というものです。

さあ、始めよう！

私は、あなたが夢をかなえるのに必要な法則やツールを、あなたに伝えようと最大限、できる限りのことを書きました。それらは私やほかの多くの人たちに実効があったもので、あなたにもきっと有効なはずです。しかし、私の情報、激励、創造的刺激の役割はここで終わりです。これからはあなたが実際に汗をかく番です。あなたの人生の夢の創造に向かって行動を起こせるのは、あなただけなのです。他の誰もあなたの代理はできません。

今スタートを切っても、あなたは最終的に自分の欲しいものを獲得するのに必要なすべての能力と手段をすでに手にしています。それができることを、私は確信しています。あなたも、自分ができることを知っているはずです。だったら、さっそく実行することです！　それは大変であると同時に、非常に楽しいことなのです。人生という旅をエンジョイすることも忘れないでください。

「今のステージに到達できたすべての人々は、もともといた場所からスタートしなければならなかったのだ」

リチャード・ポール・エヴァンス（『クリスマスボックス』を書いたベストセラー作家）

訳者あとがき

本書の翻訳を始めて以来、その内容の面白さに大いにひかれ、法則のいくつかを自分でも試してみました。

たとえば法則7の「脳のパワーを引き出す目標設定」を自分の大好きなゴルフに当てはめてみたのです。ただ単に「ゴルフが上達したい」というのではなく、より具体的に「12月31日までに80を切るぞ！」という目標設定をしました。それをワープロで大きな文字に書き、何枚もコピーを作り、自宅の自分の部屋、トイレの中、車の中、オフィスのドアや壁などところ構わず貼《は》りました。従って一日に何回もこの目標が目に入ることになり、そのたびに、「筋力アップトレーニングにフィットネスクラブに行け！」「ゴルフの練習場で500発打て！」「『ゴルフダイジェスト』誌を読め！」「タイガー・ウッズのビデオを見ろ！」と天の声が私にささやきかけるのです。

自分がメンバーになっている恵比寿のフィットネスクラブのインストラクターに「12月31日までに、90前後の現在のスコアを80が切れるようにして欲しい」と頼んで個人レッスンを受けることにしました。それと同時にフィットネストレーナーに、ゴルフスイングに大切な筋肉を強化するマシーントレーニングのプログラムを作ってもらい、それを毎週2〜3回実行し始めました。

10個のマシーンで、大胸筋、腹筋、背筋、三角筋、広背筋、大腿四頭筋《だいたいしとうきん》などを鍛えるのです。時間が無いときは1セットで、それぞれ10回ずつ。余裕があれば3セットで30回ずつだから、合計３００回筋肉を動かすのです。

「12月31日までに80を切るぞ!」の貼り紙が目に入るたびに、心を引き締めて、トレーニングに励みました。そして、80を切って喜んでいる自分の姿を何度もイメージしました。本書に出てくるヴィジュアリゼーションですね。そのうち、夢にまでこの貼り紙が出てくるようになりました。仕事や食事以外の時間は、この目標のために費やすことが俄然《がぜん》増えたのです。そして成果が徐々に出てくるようになりました。

私は現在60歳で、埼玉県のホームコースで同年輩のゴルフ仲間たちと毎週末ラウンドを楽しんでいます。この目標を立てた当初は、ドライバーの飛距離が２２０ヤード前後でしたが、この集中的プログラムが進行するにつれて、自分の飛距離がぐんぐん伸び始め、２５０ヤードを超えるまでに変貌《へんぼう》したのです。25歳でゴルフを始めて以来、現在が最も飛距離が出るようになったということは、極めて痛快です。

結果としては、目標の期日までに80は切れませんでしたが、81のスコアを出すことができました。この成果に非常に満足して、２００6年新年早々また新たな目標を作りました。「２００6年3月31日までにハンディ9を達成するぞ!」という貼り紙を何枚も印刷して、またべたべたところ構わず貼りめぐらしました。それを見るたびに怠け心を引き締めて、ベッドから飛び起きて早朝トレーニングに出かけたり、新しいゴルフクラブを買ったその足で、練習場に行って５０

0球も打ったりしています。

本書が発売される4月に結果がどうなっているか、今から楽しみです。

本書はかなりの分量があり、翻訳に時間がかかったので、その分すべての法則をじっくりと理解する機会に恵まれました。

先ほどの法則7の他にも、皆様に是非とも読んでいただきたい法則がいくつもあります。特に、法則13「とにかく行動しよう」や法則15「恐怖心を克服しよう」は、サラリーマンとして〝快適領域〟であるぬるま湯からなかなか抜け出せない人に勇気を与えてくれるでしょう。「自分は一流大学を出て、一流企業に入った。でも仕事は面白くない。このまま階段を一段ずつゆっくりと上っていくような生活はつまらない。そうは言っても、会社を飛び出して、自分の会社を設立するだけの勇気がない。どうしよう？」――そんな毎日を送っている読者の方々には、自分の望む人生に到達するための良い刺激になることでしょう。

また、法則16「成功の代償を覚悟しよう」も重要だと思います。成功者を見ると、「うらやましい。自分もそうなりたい」という気持ちに襲われがちですが、華々しい成功を実現した裏には、真夜中に勉強したり、好きな趣味を犠牲にして時間を作って仕事をしたり、地道な努力があったはずです。皆さんも他人よりも成功をしたいと思われるのであれば、他人と同じようなペースでやっていては無理です。本書ではオリンピック選手の血の出るような努力が楽しいエピソードを交えて描かれていますが、それがあるから最後の栄光があるのですね。皆さんも表面の派手な部分だけ見るのではなくて、それを可能にした裏の努力を見習うことは大切だと思います。そして、ここに描かれているすべての法則は、やろうと思えば誰にでもできることなのです。

私は国際経営コンサルタントというユニークな仕事を通して、世界のＶＩＰと親しくなることが多くあります。そのうちの一人が、イギリスの国際的企業であるヴァージングループのリチャード・ブランソン会長。彼の人生哲学は「リスクを冒さなければ、何も得られない」「人生は短い。何でもやってみよう！」「人生もビジネスも冒険だ」です。本書の法則13「とにかく行動しよう」などと相通じるところが多いのです。

たとえば、彼は16歳のときに高校を中退し、雑誌の出版、レコードの通販、レコードショップ、レコード製作会社などを経て、航空や金融、携帯電話、インターネットなどのビジネスを次々と立ち上げて、一大ビジネスグループを作り上げました。

しかしそのなかで彼は何度も倒産の瀬戸際まで追い込まれました。ヴァージンアトランティック航空を設立した直後、英国航空がいろいろな手を使って、ビジネスの邪魔をしてきたことがありました。その結果、客数が急減。だが彼は敢然とこれに挑戦して、業績を復活させるとともに、英国航空を営業妨害で訴え、史上最高額の損害賠償を勝ち得ました。まさに法則22「あきらめない」を実践したのです。

法則22を実践しているのが、私のもう一人のイギリス人の友人である人気作家のジェフリー・

アーチャー氏。彼の人生もアップダウンの激しいもので、何度も危機に直面しましたが、その都度奇跡的な復活を遂げています。若くして国会議員に当選。ところが、投資先だったカナダの会社が倒産。１００万ドルの負債を抱えて議員を辞職。しかしこの苦い経験を元に『百万ドルをとり返せ！』という本を書いたところ、これが世界的なベストセラーになり、作家として華々しいデビューを果たし、その後は『大統領に知らせますか』『ケインとアベル』『チェルシー・テラスへの道』など世界的ベストセラーを次々と出版。その印税で、億万長者にもなったのです。その後、イギリスの保守党の副幹事長にまで上り詰め、ロンドン市長に立候補しようかというところまで行きました。ところが良いことは長くは続かず、裁判沙汰《ざた》に巻き込まれて、偽証罪で監獄に2年間行くことになってしまいました。

しかし転んでもタダでは起きない彼は、獄中でも原稿を書き続け、出獄と同時に『獄中記』を出版。それがまた世界中でベストセラーになりました。その後『運命の息子』を出版したり、大好きな印象派絵画の収集をしたり、毎日フィットネスのトレーニングをしながら、エネルギッシュにがんばっているところです。

このように世界のＶＩＰたちは誰に言われた訳でなくても、本書の法則をいくつも実践しながら、それぞれの分野で成功しています。たとえつまずいても、また起き上がってたくましく復活し、また前進していくのです。読者の皆さん方も、ご自分の目標を設定して、失敗を恐れずに、努力し続けていけば、必ず自分が望む人生のステージに到達することができるでしょう。本書をお読みになると、本当に勇気づけられると思います。

本書が皆さん方の人生における大成功へのきっかけになってくれたら、訳者としてとても幸せです。

植山周一郎

2006年3月

◉著者&訳者紹介

[著者] **ジャック・キャンフィールド**

アメリカ・ウェストバージニア州の貧しい家に生まれる。苦学して高校の歴史教師になり、教育関係の財団に勤める。その後『サクセスマガジン』発行人で自己啓発の権威者、クレメント・ストーンの会社に勤務。その間、マサチューセッツ大学、ハーバード大学の大学院学位を取得。やがて独立し企業の人材開発の講師として全米各地を回り講演を行う。その心温まる話が大評判に。それを本にまとめたのが『こころのチキンスープ』だが、世界で800万部以上売れる。シリーズを合わせて60冊以上刊行し、ニューヨーク・タイムズのベストセラー10に同時に7冊ノミネートされたこともある。これまで全世界でシリーズ合計8000万部以上売れている。現在世界中を講演で飛び回っている。

[訳者] **植山周一郎**

1945年、静岡県生まれ。一橋大学商学部、スタンフォードビジネススクール卒業。ソニー入社。英国ソニー販売部長、本社宣伝部次長などを歴任後、1981年に植山事務所を設立。国際経営顧問、著作、講演、テレビ番組の企画などを手がける。サッチャー元英国首相やヴァージン・グループの顧問を務める。イーバンク銀行、ヨシケイ開発などと顧問契約。著書に「海外ビジネス実戦学」、訳書に「ヴァージン」など合計43冊。

カバー・イラスト／わたせせいぞう

装丁・本文デザイン・DTP／クリエイティブ・サノ・ジャパン

校正／秦　玄一、浅見雄介

編集協力／小関洋一

編集／佐藤幸一

絶対に成功を呼ぶ25の法則
～あなたは必ず望む人生を手に入れる～

2006年4月20日　初版第一刷発行

著　者　ジャック・キャンフィールド
訳　者　植山周一郎
編集人　佐藤幸一
発行人　佐藤正治
発行所　株式会社小学館
〒101-8001　東京都千代田区一ツ橋2-3-1
電　話　編集03-3230-5617
販売03-5281-3555
印刷所　図書印刷株式会社
製本所　株式会社若林製本工場

ISBN4-09-356601-1 Shogakukan, Inc.